미국인 교육가 엘라수 와그너가 본

한국의 어제와 오늘
1904~1930

KOREA

THE
OLD
AND
THE
NEW

By
ELLASUE WAGNER

그들이 본 우리
Korean Heritage Books

미국인 교육가 엘라수 와그너가 본

한국의 어제와 오늘
1904~1930

엘라수 와그너 지음
김선애 옮김

옛 시대의 혼례복.

'그들이 본 우리' — 상호 교류와 소통을 위한 실측 작업

우리는 개화기 이후 일방적으로 서구문화를 수용해왔습니다. 지금 세계는 문화의 일방적 흐름이 극복되고 다문화주의가 자리 잡는 등 세계화라는 다른 물결 속에 있습니다. 이제 우리가 주체적으로 우리의 문화를 타자에게 소개함에 있어 진정한 의미에서의 상호 소통을 통한 상호 이해가 필요함은 주지의 사실입니다. 그리고 타자와 소통하기 위한 첫걸음은 그들의 시선에 비친 자신의 모습에 대한 진지한 탐색입니다. 번역은 바로 상호 교류를 통해 자신의 정체성을 확보하기 위한 작업이며, 이는 당대의 문화공동체, 국가공동체 경영을 위해 중요한 과제 중의 하나입니다. 우리가 타자에게 한 걸음 다가가기 위해서는 타자와 우리의 거리를 정확히 인식하여 우리의 보폭을 조절해야 합니다. 그런 의미에서 서구가 바라보았던 우리 근대의 모습을 '번역'을 통해 되새기는 것은 서로의 거리감을 확인하면서 동시에 서로에게 다가가기 위한 과정입니다.

한국문학번역원이 발간해 온 〈그들이 본 우리〉 총서는 바로 교류와 소통의 집을 짓기 위한 실측 작업입니다. 이 총서에는 서양인이 우리를 인식하고 표현하기 시작한 16세기부터 20세기 중엽까지의 우리의 모습이 그들의 '렌즈'에 포착되어 기록되어 있습니다. 그들이 묘사한 우리의 모습을 지금 다시 읽는다는 것에는 이중의 의미가 있습니다. 우선 우리는 그들이 묘사한 우리의 근대화 과정을 통해 과거의 우리를 확인할 수 있습니다. 하지만 이 작업은 다른 면에서 지금의 우리가 과거의 우리를 바라보는 깨어 있는 시선에 대한 요청이기도 합니다. 지금의 우리와 지난 우리의 거리를 간파할 때, 우리가 서 있는 현재의 입지에 대한 자각이 생긴다고 할 수 있습니다. 이런 의미에서 이 총서는 시간상으로 과거와 현재, 공간상으로 이곳과 그곳의 자리를 이어주는 매개물입니다.

이 총서를 통해 소개되는 도서는 명지대-LG연암문고가 수집한 만여 점의 고서 및 문서, 사진 등에서 엄선되었습니다. 한국문학번역원은 2005년 전문가들로 도서선정위원회를 구성하고 많은 논의를 거쳐 상호 이해에 기여할 서양 고서들을 선별하였으며, 이제 소중한 자료들이 번역을 통해 일반인들에게 다가감으로써 우리의 문화와 학문의 지평을 넓혀줄 것으로 기대합니다. 한국문학번역원은 이 총서의 발간을 통해 정체성 확립과 세계화 구축을 동시에 이루고자 합니다. 우리 문학을 알리고 전파하는 일을 핵심으로 하는 한국문학번역원은 이제 외부의 시선을 포용함으로써 상호 이해와 소통이 현실적으로 가능하도록 더욱 노력하겠습니다.

끝으로 이 총서가 세상에 나오게 힘써주신 여러분들께 감사드립니다. 특히 명지학원 유영구 이사장님과 명지대-LG연암문고 관계자들, 도서 선정에 참여하신 명지대 정성화 교수님을 비롯한 여러 선생님들, 번역자 여러분들, 그리고 출판을 맡은 살림출판사에 감사드립니다.

2009년 5월
한국문학번역원장 김주연

저자의 머리말

옛 한국은 영원히 사라졌다. 이제 새 한국이 빠르게 자리 잡고 있지만, 옛것은 새것과 많이 섞여 있다.

젊은 한국인 중에는 현대적이지 않은 모든 것을 버리고 싶어 하는 층이 있다. 반면 더 나이 든 세대 중에는 한국의 옛 문명의 것만 좋게 보고 모든 혁신을 싫어하며, 현재 한국의 모든 성치·경제·사회적 해악을 외국의 침략 탓으로 돌리는 사람이 적지 않다. 한편, 이 나라의 더 현명하고 분별 있는 지도자들은 옛것이든 새것이든 잡동사니에서 가치 있는 것을 골라 쓰며, 최고의 옛것을 보존하는 동시에, 동양적이지도 서양적이지도 않아 보편적으로 적용할 수 있는 새 이상을 취하려 한다.

한국에서는 빠르고 다양한 변화가 일어나고, 새로운 관습의 영향으로 사회가 흔들리고 있다. 결과는 어떻게 될 것인가?

   이 작은 책은 옛 한국과 그 흥미로운 관습을 길게 묘사하려는 것도, 새 한국을 구성하는 요소를 설명하려는 것도 아니다. 관련된 산업·경제·정치적 요소를 논하려면 훨씬 더 긴 책을 써야 할 것이다. 이 책은 옛것과 새것이 끊임없이 섞이는 이 급격한 변화의 시기에, 고요한 아침의 나라를 본 대로 그린 것일 뿐이다.

서울에서

엘라수 와그너

차례

제 1 장
새것과 옛것의 충돌

"할아버지, 안녕하세요. 태워드릴까요?"

번쩍이는 새 포드를 모는 외국인이 터덕터덕 걷는 시골 노인과 나란히 가다가, 웃는 얼굴로 친절하게 말을 건네며 바로 옆에 멈춰 섰다. 김씨 할아버지는 자동차에 대해 종종 듣고 시골에 갈 때 여러 번 본 적은 있지만, 깊은 산골 마을에 살았기 때문에 이렇게 호화로운 탑승을 권유받은 적은 처음이었다. 할아버지는 이방인의 권유를 확실히 못 알아들어서, 귀에 손을 대고 몸을 앞으로 기울이며 물었다.

"어? 뭐라고?"

"어디까지 가시냐고요. 태워드릴까요?"

"이거에 타라고? 여기 등에 진 짐은 어쩌고?" 흥분한 노인은 이렇게 묻더니, 자랑스럽게 덧붙였다. "난 서울 가는 길이야. 우리 아들 보러 가."

"잘 됐네요!" 차 주인은 이렇게 대답하며 뒤를 돌아보았다. 그리고 뒷좌석에 있던 짐 꾸러미를 치워, 노인이 진 큰 짐을 놓을 공간을 마련했다. "저도 서울 가요. 여기서 50마일인데 걸어가려면 너무 멀잖아요. 저랑 같이 가세요." 김씨 할아버지는 비행기에 처음 타는 사람처럼 엄청난 불안감에 망설였다. 그러나 모험의 유혹은 너무 강력해, 결국 경계심을 압도했다. 할아버지는 서양에서 온 남자 옆에 올라탔다. 그리고 아주 조심스럽게 좌석 가장자리에 앉아, 괴상한 레버를 조작하며 운전자가 바쁘게 움직이는 것을 두려운 눈길로 보았다. 모든 것이 매우 기이하고 흥미로웠다.

세상에, 차가 얼마나 빠른지! 두 사람이 탄 차는 한강이 내려다보이는 높은 둑을 따라 바람처럼 달렸다. 차는 빙빙 돌고 붕붕 달리며, 엄청나게 높은 절벽을 순식간에 지나, 노인이 걸어갔으면 여러 시간 걸렸을 고갯길을 올랐다. 그러다 갑자기, 차가 구부러진 산길을 돌진하며 할아버지를 좌석 앞쪽으로 내던졌을 때, 할아버지는 두렵고 혼미한 상태에서 거의 숨도 쉴 수 없었다. 할아버지는 절박하고 무서운 마음에, 외국인이 잡고 있는 운전대를 움켜쥐고 필사적으로 매달렸다. 그리고 외국인이 "놔요! 놔요!" 하고 소리쳤을 때, 드디어 삶의 마지막 순간이 온 줄만 알았다. 할아버지는 세상에서 마지막으로 붙잡는 것인 운전대를 더 꽉 쥐었다. 차는 수백 피트 아래로 산골짜기가 내려다보이는 절벽 끝에서 가까스로 멈춰 섰다. 그제야 두 손을 내려뜨린 이방인은 입술이 새파래진 채 물었다. "왜 그러셨어요?"

할아버지는 무언가 잘못됐다는 것을 알았지만, 무엇이 잘못됐는지 몰랐다. 그래서 떨리는 목소리로 이렇게 물었다. "뭐가 잘못됐어?"

외국인은 운전대를 잡은 채 이렇게 말했다. "이 기구요, 이 운전대는 만지시면 안 돼요. 만지면 안 된다고요. 할아버지 때문에 차 망가지고 저 절벽으로 떨어져 죽을 뻔했잖아요!"

"자네는 그거 잡고 있었잖아. 그럼 난 뭘 잡아?" 할아버지가 물었다. 할아버지는 친절해 보이던 젊은 운전자의 이기심에 당황했다. 그 후, 운전자는 이 이상한 탈것을 어떻게 운전하고 제어하는지 가르쳐주었다. 원리를 이해하고 나자 모든 것이 아주 쉬워 보였다. 사실 김씨 할아버지는 기회가 되면 산길을 직접 운전해보고 싶었다. 그러다 할아버지는 좀 더 차가 사람이 많은 지방을 지나고 있음을 알아차렸다.

"여기가 어디야? 분명 시골은 아닌데." 할아버지는 물었다.

"오, 그럼요. 여긴 서울이에요! 수도 서울요. 여기까지 오는 데 두 시간 걸렸네요." 젊은 외국인은 시계 뚜껑을 딸깍 닫으며 자랑스럽게 말했다.

노인은 놀라 숨이 턱 막혔다. "서울이라고! 서울? 오메! 아침에 춘천을 나섰는데 어떻게 이럴 수가? 그런데 정말 서울 같네! 아이고, 아이고! 이걸 어째? 어쩐다? 아이고, 아이고!" 할아버지는 어쩔 줄 몰라했다.

차 주인은 할아버지의 걱정을 이해할 수 없어 당황했다. 노인이 새로운 경험에 놀라고 흥미로워하는 것이 즐거웠고, 빠른 여행으로 더 큰 기쁨을 주려고 했기 때문이다.

"왜요? 김씨 할아버지, 뭐가 문제예요? 서울 오려고 하셨잖아요."

"그래, 서울 오려고 했지. 그런데 이틀이나 일찍 왔잖아! 우리 아들은 이틀 지나야 날 만나줄 텐데, 이걸 어째? 아이고, 아이고! 도시에서 묵을 돈은 없고. 아이고!"

"저런, 안됐네요! 죄송해요. 하지만 방법이 있어요. 제가 오늘밤에 돌아가거든요. 그러니까 온 길을 조금 돌아가시려면, 저랑 같이 가세요!"이렇게 해서 어려운 문제가 간단히 해결됐다.

그러나 한국의 국가적 문제는 이렇게 쉽게 해결할 수 없었다. 한국은 사천 년 동안 은둔국으로 나라 문을 닫고 홀로 지냈다. 비록 외부 세계의 위업을 보여주려는 이방인들이 때때로 이 평화를 깼지만 말이다.

50년 전 한국은 홀로 완전하고 만족해 하는 작은 나라였다. 한국은 위엄 있는 옷을 단단히 두른 채, 산 속 깊숙이 은둔하며 세계가 지나가게 했다. 한국의 얼굴은 과거를 향했다. 한국인은 무수한 이전 세대와 똑같이 편안하고 소박하며 평화로운 환경에서 살았다. 한국의 집, 산업, 기구, 음식, 옷과 관습은 위대한 카이사르가 강력한 로마를 지배한 시대나, 그리스가 번창한 시대 때부터 똑같았다. 한국은 세계에 많은 것을 요구하지 않았다. 단지 자기 것을 즐기도록 은둔하게 내버려두기를 바랐다. 그러나 마침내 꿈은 끝나고, 화려한 현실 속에서 냉혹한 깨달음을 얻는 때가 왔다. 한국인은 무슨 일이 일어났는지 깨닫기도 전에, 외국과의 접촉과 무역, 외국의 관습과 지배를 강요받았다.

한국은 개국한 지 몇 년 안에 굉장한 진보를 이뤘다. 드디어 신세대는 서양의 나라들이 수백 년 전부터 앞서 여행한 만큼 여행했다. 한국의 뛰어난 젊은이들이 서양의 지식을 받아들이는 것을 보면 놀랍다. 이 학생들은 외국에 나가 외국어에 빠르게 통달하는 명민함과, 새로운 생활방식을 알자마자 즐기는 적응력을 보였다.

하지만 이는 전체의 한 면일 뿐이다. 한국의 옛 관습과 오래된 이상은 현대의 혁신과 함께 여전히 번영하고 있다. 그리하여 생각의 혼란, 감정적 갈등, 옛것과 새것의 끊임없는 충돌이 일어나고 있다. 불확실한 한국의 이상과 뿌리 깊은 불안정함도 놀라운 일은 아니다. 한국은 어제의 상황을 떠났다. 그리고 김씨 할아버지가 안전한 산골의 집으로 돌아간 것처럼 더 이상 과거의 안정이나 은둔 상태로 돌아갈 수 없다. 옛 한국은 가고, 새 한국이 태어나고 있다.

오래된 도시 서울의 대로를 거닐어보자. 모든 곳에 현대식 삶의 증거가 보이지만, 모든 것에 너무나 빠르게 사라져가는 옛 문명의 매력과 아름다움이 스며 있다.

아이들의 옷 색깔이 화려하기도 하다. 아름다운 깃털 달린 새처럼 밝은 색 옷을 입은 아이들 옆으로는 어두운 색 서구식 신사복을 입은 젊은이들을 볼 수 있다. 그리고 구식 옷을 입은 시골 사람, 농부, 직공, 노동자도 많이 보인다. 저기 길게 흘러내리는 푸른색 비단옷을 입은 노인은 양반이다. 양반은 젊은 하인의 아름다운 비단 옷자락을 잡고 걸어가고 있다. 저 느긋하고 위엄 있는 걸음걸이는 이 모든 혼란스러운 현대식 삶도 평온하고 기품 있는 양반의 보장된 지위를 흔들 수는 없다고 말하는 것 같다. 하지만 새 한국의 조급한 젊은이들이 바쁘게 모는 자동차 수백 대는 어떻게 한단 말인가? 우리 양반님은 전차가 땡그랑대며 비키라고 경고하는데도, 까다롭게 갈 길을 정할 것이다.

저기 주름치마를 입고 의기양양하게 모자를 쓴 한국 아가씨는 버스 안내원으로, 새 한국의 또 다른 소산이다. 안내원은 버스 문으로 모여들어 안으로 밀고 들어오는 서로 어울리지 않는 사람들을 아무렇지도 않게 생각한다. 날마다 이런 사람들을 보기 때문이다. 하지만 얼마나 이상한 광경인지! 나이 든 양반이 비단옷을 끌어당기며 버스에 들어와 앉는다. 옆자리에는 들뜬 젊은 여자가 앉아 있는데, 화장한 얼굴과 화려한 옷으로 보아 구식 학교의 기생같다. 통로 맞은편에는 대학생 두 명이 앉아 있는데, 예쁘장한 새침데기 소녀들로, 옛것과 새것이 낸 최고의 소산이다. 손잡이를 잡고 서 있는 고등학교 남학생들은 분명 품위 있는 새침데기 숙녀들에게 관심 있어 보인다. 여기 외국인이 온다. 50년 전에는 성문을 들어오려면 목숨을 걸어야 했는데, 이제 서울에는 외국인이 수백 명 있다. 이제 사람들은 외국인의 '못생긴 큰 코'와 '단정치 못한 텁수룩한 머리카락'에 꽤 익숙해졌다. 옛 한국 사람들은 기름을 발라 윤기 흐르는 검은 머리를 아름답게 가꾸었는데, 외국인은 기름을 바르지 않기 때문이다.

저기! 저기! 창문 밖을 보라! 보이는가? 장정 여덟 명이 정사각형 상자 모양의 물건을 메고 가고 있다. 금박을 입히고 밝은 색으로 칠한 상자는 뾰족한 꼭대기를 황갈색 호피로 덮었다. 저게 뭔지 아는가? 바로 구식 결혼 행렬인데, 저건 신부의 의자다. 신부는 신랑 집에 가는 중이고, 신랑은 저기 인력거를 타고 앞서 가고 있다. 그렇다, 물론 여전히 많은 사람이 수백 년간 전해온 조상의 방식대로 결혼식을 올린다. 지금은 외부와의 접촉으로 어느 정도 바뀌기는 했지만 말이다. 몇 년 전이라면 신랑은 화려한 옷을 입힌 당나귀를 타고 신부를 앞서 가고, 하인은 부부의 행복과 정절을 상징하는 기러기 상을 자랑스럽게 들고 갔을 것이다. 그러나 모든 사람이 이 옛 관습을 따르지는 않는다. 여기서도 옛것과 새것의 충돌을 볼 수 있다.

버스를 타고 계속 길을 내려가다 보면, 날마다 열리는 현대식 결혼식을 볼 수 있을 것이다. 그렇다, 분명 저기 큰 교회 앞의 무리는 결혼식 일행이다. 저 자동차 무리가 보이는가? 버스에서 내려, 일행이 교회에서 나올 때까지 기다려보자. 밀어대는 열광적인 구경꾼 무리에 끼면, 신랑의 낯익은 검은색 정장이 눈에 띌 것이다. 신랑 옆에서는 하얀 신부복을 입은 아름다운 신부가 걷고 있다.

신부복은 한국식으로 만들어, 고운 분홍색이나 파란색이 감돌고, 늘어뜨린 면사포는 서구의 양식을 강조한다. 신부는 밝은 색 꽃으로 화려하게 만든 부케를 들고 있다. 흰옷은 상복이므로, 신부복이 완전히 흰색이면 안 된다. 한국의 교육받은 젊은이 가운데는 기독교인이 아니더라도 기독교식 결혼식을 선호하는 이가 많다. 한편 어떤 이들은 관청에 가서 간단한 예식을 치르기도 한다. 그리하여 옛 한국의 화려한 결혼 행렬이 새 한국의 현대식 삶을 나타내는 결혼식 바로 옆을 지나가고 있다.

포장된 대로에는 버스가 빠르게 달리고 전차가 땡그랑대며 지나가고, 길 양쪽에는 돌과 벽돌로 높이 지은 새 사무실 건물이 줄지어 있다. 자, 분주한 가로를 떠나, 이 골목으로 들어가자. 여기는 포장이 안 된 길로, 자동차, 트럭, 인력거로 혼잡하다. 자전거를 탄 무례한 소년들이 당신 옆을 쌩쌩 달리며 놀래킨다. 짐을 나르는 사람과 짐승, 달구지와 반짝이는 리무진이 뒤섞여 있다. 눈부신 색의 옷을 입은 아이들이 무리 지어 논다. 한편, 골목 모퉁이마다 어린 거지 소년들이 튀어나오는데, 여러 곳에서 메스꺼운 음식을 모은 작은 깡통이나 그릇을 들고 있다. 이 소년들은 당신을 둘러싸고 길을 가로막는다. 당신은 구걸하는 아이들이 불쌍해서 가슴이 미어진다. 그래서 가장 누덕누덕한 옷을 입은 꼬마에게 동전 한 푼을

주는 순간, 거지 아이들은 돈이 아니면 목숨을 내놓으라는 듯, 당신에게 더 바짝 몰려들 것이다. 여기서 이 도시의 상황에 더 익숙한 당신의 친구는 이렇게 충고한다. 애들에게 돈을 주지 마라. 그 돈은 애들의 밥값으로 쓰이는 게 아니라 구걸하라고 애들을 내보낸 주인의 탐욕스러운 손으로 들어갈 테니.

이제 현대식 건물이 늘어선 골목을 지나, '공장 지구'를 거닐어 보자. 이곳에는 양조장과 담배 공장이 번창하고 있고, 수많은 소규모 공장이 다닥다닥 붙어 있다. 드디어 이 좁은 길에서 이어지는 사람들의 집인 작은 안마당까지 왔다. 아마 저 집들은 아브라함 시대 때부터 똑같았을 것이다. 나중에 다시 돌아와서 집을 방문하기로 하자. 저 집들은 옛것과 새것이라는 개념과 관련해서 봐야 한다. 저 쪽에는 짚으로 엮은 지붕이 보이는데, 상태가 좋다. 분명 저 집에 사는 가족은 편안히 잘 사는 중산층이다. 초가집에 산다고 다 가난한 것은 아니기 때문이다. 그 가까이, 바로 그 집 문 앞에는 검은색 타일로 지붕을 깐 집이 있다. 우아한 지붕이 저 많은 둥그런 안마당을 둘러싸고 있는 것으로 보아, 저 집엔 분명히 지위가 높은 부자가 산다. 아마 저렇게 큰 집에는 아버지와 아들들, 그 아내들과 가족, 얹혀사는 친척, 하인과 그 가족까지 백 명에서 백오십 명이 살 것이다. 이는 과거의 가부장적 생활을 떠올리게 하는 집단이다. 궁궐의 문을 대중에게 개방하면, 왕의 집도 저 집과 같은 구조로 지어졌음을 알 수 있을 것이다. 즉 안마당 건너 안마당이 계속 나오고, 아름다운 마당마다 꽃이 만개해 있다.

서울이 내려다보이는 언덕 위 높은 곳과 여기저기에는 현대식 집이 있다. 이런 집에는 외국 것에 대한 취향을 만족시킬 능력이 있는 새 한국의 사람들이 산다. 이들은 집이 두 채 이상일 수도 있다. 하나는 조상의 방식으로 지은 집이고, 또 하나는 유럽식으로 지은 집이다. 유럽식 집은 겨울에 춥고 난방을 하기 어려워, 대개 여름에만 머문다. 이렇게 지금 한국은 과거와 현재, 옛것과 새것이 기묘하게 섞여 있다.

우리 쪽으로 오는 저 남자의 옷을 자세히 보면, 남자의 정신 상태도 알 수 있을 것이다. 남자는 우아한 흰색 두루마기와 조상들이 수세기 동안 입은 것과 똑같은 재료로 만든 통 넓은 한복 바지를 입고 있다. 그러나 머리에는 런던에서 만든 밀짚모자를 쓰고, 디자인으로 보아 분명 미국에서 만든 신발을 신고 있다. 아마 매사추세츠 주에서 만든 신발 같다. 날씨가 따뜻해서, 남자는 기름 먹인 종이로 만든 큰 부채를 부치며 걸어가고 있다. 이렇게 옛것과 새것이 우스꽝스럽게 섞인 것은 흔한 광경이다. 나는 어느 정도 나이 먹은 소년이 나무로 만든 신발을 신고 셔츠의 칼라만 걸친 것을 봤을 때 받은 충격을 절대 잊지 못할 것이다!

옛것과 새것의 충돌이 물질적인 것에서 분명하다 해도, 새로운 사회적 세력이 미친 영향의 증거는 더 심오한 것에서 찾을 수 있다. 옛 한국은 죽지 않았다. 여전히 살아 있는 것이다! 새 한국의 현대화한 젊은이가 노인 옆을 지나는 것을 보면, 서로 너무 달라 어떻게 한 세대 안에 이런 변화가 일어났는지 상상할 수 없다. 어떤 요소 때문에 이렇게 빨리 발전했을까? 이들 요소는 복잡하고 혼란스럽지만, 가장 주요한 요소는 문화적 변화, 개인주의, 낭만주의적 충동, 부모와 집단의 통제력 상실이다.

할아버지 세대가 받은 교육과 전혀 다른 서구식 교육을 받은 젊은이는 노인의 휘날리는 비단옷과 젊은이의 몸에 딱 맞는 어두운 정장만큼 다르고 동떨어진 생각을 한다. 젊은이에게 삶은 이제 가족의 행복과 밀접한 관계가 없다. 젊은이는 개인의 행복을 추구할 권리가 있다고 생각한다. 그리고 자신을 개인으로 인식하고, 자신의 행동을 결정할 권리가 있음을 안다. 젊은이는 심한 개인주의에 사로잡혀, 마치 가족 전체의 행복을 위해 개인의 행복을 희생한 선대들의 억압받은 삶을 자신의 짧은 삶에서 만회하려는 것 같다.

생각과 행동의 자유에 대한 욕망이 젊은이를 압도했다. 오래된 가부장제 아래에서는 가족 집단 안에서 지난 수천 년간 신중히 적응한 것으로 충분했다. 그때 개인은 가족의 일부분으로 정체성을 잃었다. 가족 집단은 가족 구성원을 완전히 통제했고, 개별적이 아니라 집단적으로 생각했다. 여기저기서 몇몇 용감한 영혼이 이런 폭정에 맞섰을지도 모르지만, 그랬더라도 그 목소리는 과거 속에 묻혔다. 그러나 오늘날의 젊은이는 그렇지 않아서 자신의 것을 요구한다. 많은 젊은이가 영국, 미국, 독일에서 공부하고, 수천 명이 일본의 고등교육기관에서 공부한다.

이들 젊은이가 부딪치는 새로운 기준은 무엇일까? 잠시 그로브스 교수가 쓴 가족에 대한 장[1]을 보자. 그로브스는 이렇게 썼다. "가족 제도는 가족 구성원 개개인, 즉 인간적 만족을 고려할 때 최고다. 즉 개인을 위한 가족 말이다. 가족 구성원을 결합하는 힘은 애정이어야 한다. 외부의 힘이 필요할 때, 가족은 너 이상 가치가 없다. 그러므로 가족의 가치는 가족이 구성원 개개인의 행복에 얼마나 기여하는가에 따라 판단해야 한다."

한국은 옛것에서 새것으로 나아가며 낭만주의의 물결에 얼마나 휩쓸렸는지! 낭만주의는 유럽의 일부 지역과 특히 미국에서 모든

---

1 그로브스와 오그번, 『미국의 결혼과 가족 관계』.

활동에 영향을 미쳤다. 서구의 아가씨가 낭만주의를 극단적으로 믿는 것은 그리 놀랍지 않다. 그러나 보수적이었던 한국이 낭만주의에 이렇게 빠지리라고 기대했던 이는 드물다. 젊은이들은 중간에서 멈추지 않는다! 이들에게는 모든 것을 거는 것이 지나친 일이 아니다.

많은 훌륭한 젊은이가 매력적으로 현대식으로 생각하고 행동한다. 이들은 교육받은 교양 있는 젊은 남녀로, 어느 한쪽에 치우치지 않고 중도를 택했다. 그래서 자신의 개인적 자유와 관련해 옳다고 믿는 것을 따르려 하면서도, 한국의 옛 관습 중 최고의 것에 충실하다. 이들 젊은이가 한국의 미래에 가장 큰 희망이다. 그러나 '자기 일은 각자 알아서 하고, 나머지는 상관하지 않는다.' 같은 러시아에서 들어온 최신 견해도 만연해 있다. 현재 모든 나라에서 초현대적인 젊은이의 법은 '자기 눈에 옳은' 것을 하는 것 같다. 한국에서도 적지 않은 젊은이가 그런 무리에 낄 준비가 되어 있다.

많은 것이 오늘날 유행하는 낭만주의의 불길을 부추긴다. 다른 나라에서는 검열을 통과할 수 없는 섬뜩한 영화가 한국에서는 탐욕스러운 소비자에게 쉽게 팔린다. 또 믿을 수 없을 만큼 저속한 싸구려 소설이 일본과 한국의 서점을 채우고 있다. 젊은이들이 빠져 있는 많은 잡지는 너무 추잡해서, 그 이야기들의 자세한 내용을 서구 독자에게 말할 수 없을 정도다.

옛 관습에 대한 충실도를 기준으로 할 때, 한국은 몇몇 집단으로 명확히 나뉜다.

많은 한국인이 여전히 옛 관습을 따른다. 그러나 이 집단은 느리지만 분명히 줄어들고 있다. 옛 관습을 옹호하는 이들의 목소리는 거의 들리지 않는다. 이들 중 일부는 외딴 마을이나 산골짜기에 산다. 그리고 다른 많은 이는 좀 더 큰 읍내나 도시에 산다. 교육받지 못한 이 대중은 고된 '하루 밥벌이'에 바빠서, 관습의 변화에 많은 관심을 기울이기 어렵다. 이들은 모든 것이 늘 그래 왔던 대로 지속되길 바란다. 새로운 관습에 영향받지 않은 이들 외에, 의도적으로 보수적인 이들도 있다. 보수주의자는 옛 방식이 최고라고 믿고 어떤 변화도 원하지 않기 때문에, 자신이 옛것을 지킬 책임이 있다고 생각한다.

많은 가정은 분열돼 있다. 교육받은 젊은 남편과 무지한 아내는 어릴 때 결혼했지만, 서로 간극이 크기 때문이다. 이런 가정에서는 흔히 옛것과 새것이 기묘하게 섞여 있다. 최근에 어떤 작가는 자연 숭배에 대해 이렇게 썼다. "집집마다 신주단지를 모시던 옛 관습을 분명히 젊은 사람들은 거의 모른다. 이 관습에 대해 물으면, 노인은 미소 짓고 젊은이는 웃는다." 분명 현대화한 남자는 이런 어리석음에 웃을 것이다. 그러나 그 남자의 집에서 여성의 구역에 들어가면, 아마도 똑같은 신주단지에 음식, 옷, 그 집의 귀신들을 달래기 위한 여러 물건 등 가족의 제물을 가득 채운 것을 발견할 수 있을 것이다.

기독교인 2세대는 그 수가 늘어나고 있는 강력한 집단이다. 이들의 장점은 어릴 때부터 사랑과 봉사의 이상이 행복한 가정의 필수 조건임을 배웠다는 것이다. 이들 현명한 젊은이는 한국의 옛 문명에서 아름다운 것을 보존하고, 여기에 기독교적 이상을 결합하려 한다. 기독교적 이상은 동양적이지도 서양적이지도 않고 보편적이므로, 이들은 새 한국의 가정에 좀 더 확고한 기반을 쌓고 있다.

한편, 가엾게도 모든 것에서 현대적이고 '신식'이고 싶어 하는 젊은이들도 있다. 이들이 너무 많지 않길 바랄 뿐이다. 이들은 과거의 이상이 전혀 쓸모없다고 보고, 이와 관련된 모든 것을 부끄러워한다. 또 외국에서 들어오는 좌익 문학에 빠져, 극단적인 형태의 자유연애를 옹호하기도 한다. 해외 유학생 중에는 자유에 대한 서구의 왜곡된 이념을 받아들이고 돌아와, 외국의 방종에 대해 믿을 수 없는 이야기를 전하는 경우도 많다. 동양 학생이 이교도적 관행에서 기독교적 도덕에 대한 견해를 받아들이지 않는 것은 참으로 중요한 문제다.

옛것과 새것은 끊임없이 충돌한다. 현재 사회적·도덕적 불화는 때때로 조화의 약속이 거의 보장되지 않은, 귀에 거슬리는 불협화음을 낸다. 그러나 더 나은 것이 시작되고 있다. 한국을 한 세대 내에 다시 만들 수는 없다. 지금은 옛 한국에서 새 한국으로 나아가는 과도기다. 즉 옛 한국도 새 한국도 아니라, 모든 개인과 나라가 거쳐야 하는 고통스러운 청소년기다. 한국인은 새로운 것을 알고 싶어 하고 마음이 열려 있지만, 비판적이기도 하다. 그래서 계속 넓어지는 열린 문틈으로 들어오는 것을 시험해야 한다.

1880년의 한국은 이제 없다. 영원히 사라진 것이다. 다가오는 새 한국은 어떤 모습일까? 과거의 전통과 권위는 이제 유효하지 않다. 새 한국은 풍요로운 과거에서 '아름답고' '진실하며' '평판이 좋은' 것을 택해 보존하고, 악한 것이 오면 쫓는 지혜가 있을까? 이는 중대한 도덕적 위기이자, 오늘날 한국이 새것과 옛것의 충돌 속에서 직면한 문제다.

제 2 장
한국의 전통

　한국은 놀라운 자연경관과 자원이 있는 매력적인 나라일 뿐만 아니라, 매우 오래된 문명을 지닌 나라이기에, 독특한 의미에서 모든 세기의 유산을 지니고 있다고 할 수 있다. 고대 로마와 그리스처럼, 한국의 역사 중 많은 부분은 전설과 신비에 싸여 있지만, 기원전 2330년까지 거슬러 올라가는 역사는 다른 나라와 명확히 구별되고 끊긴 적이 없다. 한국은 19세기 후반까지 외국과 교류하는 것을 확고히 거부했다. 한국이 외국과 교류히길 강요받은 이후의 역사를 살펴보면, 실로 '외국 악귀'에 대한 불신이 뿌리 깊음을 알 것이다.

수세기 동안 이 낯선 은둔국에 대한 지식은 중국과 인도를 통해 서구인에게 아주 조금밖에 알려지지 않았다. 한국의 해안에 접근한 미지의 배는 적대시 되어 재난을 당했다. 난파된 배의 선원들은 여러 해 동안 한국에 갇혀 있었고, 그중 몇 명은 이 낯선 땅에서 죽었다. 우호적이거나 욕심 많은 나라가 접근하여 한국에 놀라운 외부 문명을 보여주려 하면, 한국은 언제나 자신의 생활방식과 사천 년의 문명에 전적으로 만족한다고 도도하게 답했다.

동양의 다른 나라들이 외국의 침략 때문에 강제로 개국한 반면, 한국은 문을 굳게 걸어 잠갔다. 마치 한국의 기반은 '나 홀로'라는 말 위에 세워진 것 같았다. 한국은 푸른 용이 사는 바다 너머에 있는 '주제넘은' 나라에서 아무것도 원하지 않았다. 그리고 모든 이상한 새 교리와, 바다를 건너오는 모든 붉은 머리의 남자를 싫어했다. 왜 한국이 그토록 원하는 대로 평온하고 안전하게 홀로 살도록 놓아둘 수 없는 것일까? 심지어 다른 모든 면에서 한국의 주요 이상국인 중국도 한국의 신성한 사적 영역을 침범할 수 없었다.

한국은 중국에 조공을 바치고 자국을 중국의 신하로 인정하면서도, 중국과 선을 그으며 이렇게 말했다. "여기까지만 오고 더 이상 오지 마십시오." 중국 황제의 사절은 한국에 조세를 걷으러 왔

금강산의 사찰, 수관소.

서울의 성벽, 1395년에 세움.

을 때, 한국이 정한 규칙을 철저히 지켰다. 아마 이는 중국의 지식, 문화와 예절이 지금까지 한국인의 이상이었고, 앞으로도 이상으로 남을 한 가지 이유일 것이다. 중국 사절의 어마어마한 연례 행렬은 종 수천 명과 말, 낙타, 군인, 득의양양하게 침입하는 군대로 이루어져 있었고, 한국에 남으러 온 것처럼 보였을 것이다. 그러나 중국 사신을 받아들이는 자리는 수도 밖의 영은문 너머로 정해져 있었다. 그리고 사신이 돌아갈 때가 되면, 사신과 그 군대는 동양의 이 은둔국에 대해 도착했을 때보다 그리 많이 알지 못한 채 떠났다.

1876년, 일본의 영국 대사는 일본에 온 첫 한국 대사를 만났을 때, 이렇게 말했다. "친하게 지냅시다." 그러나 불신에 가득 찬 한국 대사는 이렇게 대답했다. "우린 외국인과 교제하지 않습니다." 1880년까지도 큰길 표지판에는 이렇게 쓰여 있었다. "외국인을 만나면 죽여라. 외국인과 친분을 맺는 사람은 조국의 반역자다." J. S. 게일 박사는 1889년에 황해도의 관찰사를 만났을 때, 그 고관이 미국과 영국이라는 이름도 몰랐고, 서구 세계는 모두 '양국'이라는 하나의 나라라고 생각했다고 한다. "그 사람은 중국을 위대한 나라, 즉 '대국'으로 알았고, 일본을 '경멸할 만한 소인들의 나라', 즉 '왜국'으로 알았다. 그 사람에게 지구는 여전히 평평했고, 세계의 중심에는 중국이 있었다. 그리고 그 동쪽에 한국이 있었다. 세계의 가장자리로 너무 멀리 가면, 알 수 없는 곳으로 떨어져 내린다고 생각했다. 한국 이외의 민족은 모두 야만인이었고, 한국은 이들 누구와도 교류하고 싶지 않았다."[2]

한국은 외국의 침략에 대한 두려움으로, 야만적인 침입자가 자국의 평화와 행복을 깨지 않게 극단적인 조치를 취했다. 외국인들은 때때로 한국에 들어오려고 했다. 아마 이런 대담한 모험가는 우리가 아는 것보다 많았을 것이다. 그러나 가장 흥미로운 기록은 한국의 해안에 난파된 네덜란드 선원들의 이야기다. 19세기 초, 프랑스 가톨릭 신부들은 조문객으로 변장하고 한국으로 숨어들어 왔다. 그리고 교회를 세우고 수천 명을 개종시켰다. 이들은 고문과 박해에도 불구하고 선교를 계속했다. 그러다 1866년 병인박해로 한동안 이런 외국의 침입이 사라졌다. 기독교인들은 외국인의 입국에 우호적인 것처럼 보였기 때문에 잔인한 죽음을 당했다. 많은 프랑스 신부도 신도들과 함께 처형되었다. 프랑스 정부는 평화를 사랑하는 자국 신부들의 죽음에 복수하기로 하고 북경에서 군대를 보냈다. 이 군대는 한강 하류에 도착해 강화도의 요새를 공격했

---

2 『전환기의 한국』, 128쪽.

나. 프랑스는 일시적인 승리를 거뒀지만, 한국인들이 너무 용감하게 맞서 완강히 저항했기에 결국 물러날 수밖에 없었다.

제너럴셔먼호의 역사도 한국의 명예가 되었다. 이 사건에서도 한국은 다시 한 번 외국과 맞서 이겼기 때문이다. 미국의 제너럴셔먼호는 1866년에 천진에서 평양으로 향했다. 그 목적은 평양이란 오래된 도시 근처에서 왕족의 무덤을 약탈하는 것이었다고 한다. 선장은 분명 이 신비롭고 고요한 나라에 이집트처럼 보물이 가득한 무덤이 있을 거라 생각했다. 그리고 한국인은 근대식 전투 방법을 모르니 두려워할 게 없다고 생각했을 것이다. 그러나 선장은 대동강에 들어갔을 때, 한국인이 적에 맞설 준비가 된 것에 놀랐다. 한국인들은 총알을 막는 오래된 갑옷을 입고, 불화살로 무장한 채 전투를 시작했다. 타오르는 송진과 유황을 실은 배가 강을 타고 내려와 좌초된 미국 배에 불을 붙였다. 의기양양한 한국인들은 불타는 배에서 도망친 외국의 침입자들을 모두 죽였기 때문에, 어떤 미국인도 이 사건을 이야기해줄 수 없었다.

그러나 외국인들은 숨겨진 보물의 전설을 쉽게 잊지 않았다. 그리하여 다음 해, 독일계 유대인 오페르트와 미국인 젠킨스가 이끄는 평판 나쁜 탐험대가 거친 중국인과 말레이인 선원들과 함께 한국에 왔다. 이들은 짙은 안개 덕분에 왕의 무덤에 상륙하는 데 성공했다. 하지만 곧 성난 군중이 모여들었고, 이들 외국인은 군인들이 오기 전에 도망쳐 목숨을 구한 것이 다행이었다.

미국 정부는 제너럴셔먼호 선원들이 살해당했다는 소식을 듣고 조치를 취했다. 와추셋호의 함장 슈펠트 중령은 한국에 가 보상받으라는 명령을 받았다. 중령의 배들은 한강가의 요새를 폭격했다. 선원들은 상륙해 한국인과 일대일로 싸웠다. 그러나 한국인들은 너무나 맹렬하고 용감하게 방어했다. 이들은 참으로 용맹스러워서 항복하느니 차라리 죽음을 택했다. 그리하여 한국인은 무기가 떨어지자 미국인의 눈에 흙을 뿌렸다. 침입자들은 물러나면서 처음으로 한국인의 용기를 인정했다.

이 사건이 있기 200년 전에도 한국은 외국의 침입자를 물리친적이 있었다. 1627년, 네덜란드 범선인 아우데케레스호가 심한 풍랑으로 항로에서 벗어나, 선원 3명이 물을 얻으러 한국의 해안에 내렸다. 존 와터리, 테오도리크 제라즈, 존 피터스, 이 세 명은 붙잡혀서 남은 생을 한국에서 살아야 했다. 이들 나이 든 네덜란드 선원이 한국에서 살아야 했던 이야기는 여러 사람의 상상력을 자극했다. 이 세 명 중 둘은 티티르족괴의 전쟁에서 죽었다. 그러니 와터리는 엄청난 영예를 누리며 살았다. 그리하여 1653년, 또 다른 네덜란드 배인 스페르웨르호가 제주도 해안에 표류했을 때, 와터리는 궁에서 처음으로 총애받는 외국인이 되었다. 한국은 이 배의 선원 64명 중 구조된 36명을 친절히 대했으나, 한국을 떠나는 것은 허락하지 않았다.

14년 뒤, 이들 중 8명이 작은 배를 타고 일본으로 도망쳐, 조국으로 돌아갔다. 이들 중 하멜이라는 남자는 조국으로 돌아간 뒤에 한국에서의 모험담을 책으로 썼다. 이는 이 은둔국에 대해 믿을 만한 지식을 담은 최초의 책이었다.

다른 선원에 대한 기록은 남아 있지 않다. 아무도 이들이 어떻게 되었는지 모른다. 이들은 결국 여기서 편안히 정착했는지도 모른다. 지금도 때때로 머리카락에 붉은 빛이 도는 한국인을 볼 수 있는데, 소문에 따르면 이 아이는 예전의 그 네덜란드 선원들의 후손이라고 한다.

옛 정부

조용한 아침의 나라가 외부의 침입자를 물리치는 데 바빴던 동안, 나라 안에서는 무슨 일이 일어나고 있었을까? 외국의 강요에 의해 마침내 한국이 나라의 문을 열었을 때의 상황은 이 땅과 국민들을 4천 년 동안 좌우한 상황과 대부분 같았을 것이다. 한국의 역사는 잘 보존돼 있다. 그래서 고구려, 백제, 신라의 삼국시대부터, 이후의 두 거대 왕조인 왕씨 왕조와 이씨 왕조까지, 몇 세기 전 역사를 자세히 살펴볼 수 있다. 왕씨 왕조와 이씨 왕조의 수도 는 오래된 도시인 송도와 한양이었다.

그러나 지금은 한국의 정치적 역사가 아니라, 문화와 문명을 논 하고자 한다. 한국은 수천 년간 독특한 문화와 문명을 이뤘다. 한 민족은 독특한 특성으로 다른 모든 나라와 분리돼 있었다. 그러나 이 은둔국은 1876년 강화도조약으로 자기 의지와 달리 세상의 주목을 받게 되었다.

한국의 옛 정부는 부계 혈통의 전제군주제였다. 왕의 권한을 제 한하고, 민중에게 일부 권리를 주도록 하는 성문법이 있기는 했다. 그러나 분명히 왕은 업무를 처리할 때, 가장 낮은 계층부터 가장 높은 계층까지 민중의 삶을 쥐고 있었다. 그리고 변덕스럽고 자기 이득을 취하려는 신하들이 왕을 둘러싸고, 기회가 있을 때마다 재 물과 권력을 얻으려고 했다.

마침내 한국이 세상에 나라의 문을 열었을 때는 과거 시험이 성행했다. 이 시험은 옛 중국의 과거제도를 본떠, 고전을 얼마나 잘 익혔는지 평가했다. 가장 낮은 관리부터 궁의 장관까지 모든 관 직이 출신이나 지위와 관계없이 이 경쟁시험을 통해 모든 한국인 에게 열려 있었다. 적어도 이론적으론 그랬다. 하지만 실제로는 수도 관리들의 시기와 탐욕을 극복하기 위해 많은 뇌물이 필요했다. 그러나 이 국내의 일을 어떻게 실행했든, 적어도 한국은 간섭받지 않으려는 정신으로 무장한 독립적인 자치국이었던 것이 사실이다.

역사

이 책의 목적은 한국의 정치 상황을 다루거나 현재 한국과 다른 나라들의 관계를 논하는 것이 아니다. 그러나 한국의 배경과 현재까지 이끈 과거의 역사적 사건을 어느 정도 이해하지 않고, 오늘날 이 나라의 삶을 알기란 불가능하다.

몇 세기 동안 중국과 일본은 한국의 국제적 위치를 두고 논쟁했다. 한국은 2천 년 넘게 독립국 상태와 중국이나 일본의 속국 상태를 반복했다. 처음에는 북쪽에서, 이후로는 남쪽에서, 중국, 몽골, 만주, 미개한 유목 민족이 계속해서 한국을 침략했나. 1592년, 일본의 도요토미 히데요시는 많은 군대를 보내 한국을 침략해, 한국의 땅을 파괴하고 예술 작품과 문학 작품을 훔쳐갔다. 침략자들은 후퇴했지만, 약탈할 수 있는 모든 것을 가지고 한국을 초토화한 뒤 떠났다. 특히 일본인은 숙련된 직공, 금속 세공인, 아름다운 도자기를 만드는 도공을 잡아가, 일본에 머물러 일본 노동자에게 기술을 전수하도록 강요했다. 이렇게 해서 그 유명한 사쓰마 도기가 탄생했다.

　한국은 히데요시의 침략 시기에 당한 피해를 회복할 수도, 그때 당한 고통과 모욕을 잊을 수도 없었다. 일본에 대한 적개심은 줄어들지 않고 다음 세대에서 다음 세대로 계속해서 전해 내려왔다. 한국은 이런 여러 침략과 외부 세계와의 불쾌한 기억 때문에 불간섭과 완전한 은둔이라는 정책을 강화했고, 수세기 동안 이 정책을 엄격히 지켰다. 하지만 개인과 마찬가지로 나라도 혼자 살거나 혼자 죽는 경우는 없다. 그리하여 마침내 한국이 현실을 회피하고, 나라 주위에 휘몰아치는 세계정세에 무관심할 수 없는 때가 왔다.

　한국은 중국의 속국인가 아닌가? 이를 결정하려고 결국 청일전쟁이 일어났다. 한국과 중국은 자신이 필요한 때는 유대 관계를 인정하고, 필요 없을 때는 관계를 부인했다. 근대 한국의 역사는 1876년에 맺은 강화도조약 때부터 시작된다. 일본은 한국의 불안정한 정세가 매우 성가셔서, 한국이 1876년 일본 배 한 척을 발포했을 때, 항구를 점령할 기회를 잡았다. 그리고 조약을 맺는 임무를 주고 구로다 기요타카 장군을 사신으로 보냈다. 이 조약으로 한국은 해외 무역을 하도록 항구를 개방해야 했다. 또 이 조약은 한국이 독립국임을 공식적으로 인정했다.

　한국이 세계에 출현할 무렵, 나라는 두 가문의 경쟁으로 분열

돼 있었다. 이 두 가문은 왕의 혈족인 이씨 가문과, 왕비의 일족인 민씨 가문이었다. 이씨 파의 지도자는 전 섭정인 흥선대원군이었다. 대원군은 왕이 소수파였던 오랜 시간 동안 절대 권력을 행사했고, 왕이 다수파의 지지를 얻자, 정당한 통치자에게 자신의 권력을 넘겨주기를 거부했다. 그러나 왕비는 약삭빠른 대원군의 적수 이상이었다. 아들을 낳은 뒤, 왕비의 위세와 권력은 매우 커졌다. 왕비의 오빠는 국무총리가 되었고, 왕비의 조카는 대사가 되어 미국에 갔다. 왕비는 친외국파였고, 대원군은 반외국파였다. 그리하여 궁의 높은 벽 안에서는 격렬한 싸움이 일어났다.

대원군은 의기양양한 왕비에게 매번 져, 마침내 살해라는 방법을 쓰기로 했다. 그리하여 한 번 이상 왕비와 그 일족을 죽이려 했다. 왕은 연약하고 쉽게 마음이 움직였지만, 왕비를 매우 사랑했고, 왕비의 강한 성격에 지배당한 것 같았다. 일몬은 상덕한 민씨 일족에 맞서 대원군의 편을 들었다. 민씨 일족은 권력을 뺏기고 공적 지위에서 쫓겨났다. 하지만 왕비는 계속해서 왕에게 큰 영향력을 미쳤고, 왕은 왕비의 조언이라면 무엇이든 따랐다. 왕비의 가문은 한동안 수치를 당했지만, 왕비는 한국의 실질적 통치자였고 모든 일에서 왕비를 고려해야 했다. 왕비는 조용하지만 강력하게 일을 처리했고, 흥선대원군과 대원군을 지지하는 일본인들을 계속해서 저지했다. 여러 해 동안 궁에서는 음모와 변화가 있었고 한국은 반란과 쿠데타로 분열됐다. 그동안 한국 민중은 일본 공사관을 두 번 공격했다. 첫 번째는 1882년 한국군의 도움을 받아, 두 번째는 1884년 중국군의 도움을 받아 일어났다. 두 번 다 일본 공사와 그 가족은 피신해야 했다.

왜 한 연약한 여자가 강력한 당의 목적을 방해하게 놔둬야 하나? 날마다 왕비는 더욱 더 국정에 간섭했고, 나라를 통치하는 새 기관에 무질서와 혼란을 일으켰다. 왕비를 막아야 했다! 주한 일본 공사 미우라가 왕비를 죽여야 한다고 결정하고 모든 것을 명령했을 것이다.

이 비극적인 사건으로 일본의 권세와 위치는 참으로 큰 타격을 받았다. 그러나 이 사건이 일어난 지 10일 뒤, 일본 정부는 곧 이 사건과 무관한 것으로 증명됐고 미우라 공사를 소환해 체포했다. 미우라는 예심 재판을 받았고 이 사건의 전말을 솔직하게 말했다. 그리고 법정은 매우 이상한 최종 판결을 내렸다. "이 사실에도 불구하고, 피고인 중 누구도 원래 자신이 이 범죄를 계획해 저질렀다는 충분한 증거가 없으므로…… 이에 석방한다." 그러니 한국인이 일본을 불신하고 일본에 굽히지 않는 것은 당연하다. 왕비는 꾀가 많고 야심이 컸으며 음모를 꾸몄지만 매력적이고 사랑스러웠는데,

44세에 외국 자객에게 살해되었기 때문이다. 왕비는 "적을 회유하고 신하의 신임을 얻는 데 따라올 자가 거의 없었다."

일본은 한국에 대한 탐욕으로, 큰 전쟁을 두 번 치렀다. 첫 번째로 1894년 중국과의 전쟁은 시모노세키조약으로 끝났다. 이 조약으로 중국은 한국에 대한 지배를 포기하고, 한국이 독립국임을 인정해야 했다. 두 번째는 1904-5년 러시아와의 전쟁이었다. 1905년에서 1910년 사이는 섭정기로 한국의 통치와 일본의 통치 사이의 중간 단계였다. 이 시기의 특징은 이런 상황에서 당연한 것이겠지만 혼란과 불행이었고, "사회 불안과 무능한 행정을 이끌었다." 1910년 8월 22일, 한국과 일본의 대표는 새 조약을 맺었다. 그리고 1주일 뒤, 일본 황제가 제국 칙령을 통해 한국의 합병을 공포하고 한국에 총독부를 설립하도록 명령했다. 그때부터 일본은 이 나라를 통치할 책임과 권력을 갖게 되었다.

문학

한국은 변화하는 지난 세기 동안 문학에 대한 포부를 유지해 왔다. 학식은 부나 권력보다 중요하다. 한국의 젊은이에게 영웅은 군인이 아니라 학자였다. 한국의 문화와 문명은 중국에서 왔고, 한국은 이를 일본에 전수했다.

옛 한국에서 대중교육은 꿈도 못 꿀 일이었다. 소수의 특권층만 배울 수 있었고, 천한 민중은 공부할 수 없었다. 학식은 고귀한 가문과 높은 지위의 사람들이 성취할 대상이었다.

신라 말기, 불교의 유입은 하층민에게 교양을 보급하는 데 큰 역할을 했다. 그리고 송도를 수도로 하여 고려가 세워지면서, 중국의 문물과 유교의 영향에 반대하는 움직임이 널리 퍼진 것 같다.

한국에는 절이 많이 세워졌고, 절은 문학, 예술, 과학의 중심지가 되었다. 오늘날에도 한국에는 훌륭한 절의 유적이 많고, 금강산에서 가장 아름다운 곳에 절이 있다. 유적과 오래된 무덤은 한때 융성했던 과거를 보여준다.

고려의 역사 중 첫 300년간, 과거 시험이 제도화되었다. "이 제도는 한국인의 기질이 일본인처럼 호전적이지 않은 이유일 것이다. 문학이란 요소는 정부에 중요한 영향을 미쳤고, 학식이 유일한 이상이 되었다. 군인은 다른 훌륭한 시민보다 열등한 위치로 떨어졌다."[3]

"한국 문학은 중국어에 대한 매우 중요한 지식을 담고 있다. 한국 문화는 중세 유럽의 문화처럼 모국어에 국한되지 않고 중국어

---

3 헐버트, 『대한제국멸망사』, 79쪽.

를 포함한 문화이기 때문이다. 중국어는 '동아시아의 라틴어'다."[4]

"포부 큰 한국 젊은이의 목표와 열망은 한자를 읽고, 해석하고, 그 점과 획을 분석하는 것이었다."[5]

"한국 문학은 중국 문학처럼 회고적이다. 즉 다 한자로 쓰여 있고 수많은 역사서로 이뤄져 있다. 어떤 책은 수십 권으로 돼 있다. 한국에는 문학 책이 수천 권 있다. 아마 시집일 것이다. 의학, 법, 정부에 대한 학술서적도 있다. 그러나 전기가 훨씬 더 많다. 모든 유명한 가문에는 아직 인쇄하지 않은 원고이더라도 엄청난 권수의 역사책이 있다."[6]

오늘날 한국인은 지식에 매우 목마르다. 하룻밤 새 학교가 생겨나고, 인쇄소에서는 책이 쏟아져 나온다. 지난 10년간, 한국에서는 프랑스혁명보다 더 영향력이 큰 혁명이 일어났다. 낡은 족쇄는 부서졌다. 지금 여기는 새 한국이다. 한국의 젊은이는 위생, 박테리아, 먼 나라에 대해 익숙하게 말한다. 그 옆에서 보수적인 할아버지는 긴 담뱃대를 뻐끔뻐끔하며 앉아 있다. 할아버지는 손자가 하는 말을 한 마디도 믿지 않지만, 손자의 세속적 지식에 흐뭇하게

4 그리피스, 『은둔국』, 339쪽.
5 소설, 312-3쪽, 헐버트의 『대한제국멸망사』. 시, 321, 326쪽, 같은 책.
6 그리피스, 『은둔국』, 344쪽.

웃는다.

음악

한국 음악을 들으려면, 감상할 귀가 연마돼야 한다. "우리가 한국 음악을 좋아하지 않는 만큼, 한국인도 우리 음악을 좋아하지 않는다. 그 이유는 우리와 같다. 즉 한국인에게 우리의 음악은 아무 의미가 없다." 서구인에게 한국 관현악단의 별나고 괴상한 쿵쿵, 삐걱삐걱, 뚜우뚜우 하는 소리는 박자도 의미도 없는 소음의 집합 같다. 이 무시무시한 소리가 변치 않는 조화의 규칙에 따라 나온다는 것에 서구인은 매우 놀란다. 한국에는 2천 년 전부터 음악학이 있었다. 그러니 이 음악을 감상하려면 귀가 아주 발달돼야 할수밖에!

어떤 이는 한국 관현악을 "음악이란 이름 아래 내는 가장 기이하고 거슬리는 소리"라고 했다. 한국의 음계는 서구와 매우 다르다. 이는 무시무시하고 멋진 차이를 만들어내는 한 가지 요소. 다른 중요한 요소는 한국 전통 음악에 '박자'가 없다는 것이다. 한국의 노동요에는 실용적인 음악 체계가 있어, 일꾼이 들어 올리거나 끌어당기는 속도에 따라 노래의 박자를 정한다. 일꾼들은 노래를 부르며 노래의 박자에 맞춰 함께 일한다.

가장 유명한 현악기는 거문고, 슬, 해금이다. 거문고는 길고 가는 기타, 또는 목만 있고 몸통이 없는 기타처럼 생겼다. 슬은 비올과 비슷하며 현이 25개다. 해금은 현이 5개 있는 하프와 같다. 관악기로는 피리와 나팔 등이 있다. 이 악기들은 길이, 크기, 연대가 다양하고, 고둥 등의 악기로 보강된다. 더 야만적인 서양의 재즈 관현악단장은 이 악기들을 매우 좋아할 것이다. 타악기로는 북, 심벌즈, 트라이앵글이 있고, 수와 힘 면에서 관현악단을 주도한다. 사실 거리에서 흔하게 악단을 볼 수 있다. 이 악단은 크고 작은 북과 심벌즈 몇 개와, 작은 피리나 나팔 하나로 이루어져 있다. 희미한 관악기 소리는 주위의 무시무시한 타악기 소리에 묻혀 전혀 들리지 않는다! 하지만 이는 진정한 한국 음악가를 서툴게 모방한 것일 뿐이다. 옛 체제에서 중요한 위치를 차지했던 궁중 음악가가 사라진 것을 생각하면 슬프다.

옛날에 국내외의 고관은 궁중 악단을 동반했다. 서울의 성문은 음악 소리에 따라 해 뜰 때 열고, 해 질 때 닫았다.

성악은 고전적인 음악, 속요, 노동요라는 세 종류로 뚜렷이 나뉜다. 헐버트는 이렇게 말한다. "고전적인 음악은 아주 느리고 떨림음이 많으며 중간에 자주 북을 친다."

속요는 대개 화성이 조금 있으므로 분명히 서구의 영향을 받았다. 어떤 속요는 가락이 꽤 아름답고 서구 음계로 옮길 수 있다. 이는 고전적인 노래에서는 불가능하다. 서구의 음조로는 옛 궁중 가수 같은 효과를 낼 수 없기 때문이다!

예술

한국 예술은 궁궐과 절을 빼고는 주로 실용적이다. 한국 예술에서 가장 돋보이는 것은 벽면 장식, 수를 놓거나 그림을 그린 비단천(이는 한국의 매우 훌륭한 예술적 성취라 한다), 놋쇠 제품, 은 세공품과 자개를 박은 가구다. 이와 함께 언급해야 할 것은 오래된 왕릉에서 나오는 고대의 훌륭한 자기다.

중세 유럽에서처럼 한국에서 예술은 종교적인 성격을 띠었다.[7] 절에는 그림, 불상, 벽화가 많은데, 아름답다고 할 수는 없지만 자세히 연구할 가치가 있다.

건축미 면에서 옛 한국은 근대 세계를 놀래킬 많은 것을 남겼다. 신라 왕국의 수도였던 경주의 유적들은 놀라운 과거의 영광이 여전히 스며 있다. 이곳에는 1200년 전에 세운 김유신 장군의 무덤이 아직도 보존돼 있다. 무덤의 12방위 주석에는 12궁도의 상

---

7 스타, 『한국의 불교』, 26, 66쪽.

이 새겨져 있다. 또 경주에는 옛 얼음 창고의 유적이 있다. 이는 언덕 아래에 완벽한 아치형 구조를 이루고 있으며, 돌로 솜씨 좋게 지은 것이다. 이곳에는 아름다운 탑도 일부분 남아 있다. 그러나 탑의 많은 부분이 16세기 히데요시의 침략 때 파괴되었다. 이 탑은 7세기에 아름다운 돌과 잘 구운 벽돌로 쌓았다. 조각한 돌의 덮개는 돌의 중심에서 움직였는데, 이는 이 탑을 만든 사람들이 진정한 예술가였음을 보여주는 훌륭한 증거다. 또한 경주에는 세계에서 가장 오래된 것으로 보이는 천문 관측대, 첨성대가 있다. 첨성대는 고대 신라의 학자와 과학자들이 천체 연구를 즐기던 건물로 오랜 세기 전에 만들어진 것이다.

『문헌비고』에 따르면, 647년(선덕 16)에 신라 선덕여왕의 명으로 이 관측대를 지었다. 첨성대는 전국적으로 유명했다. 그래서 첨성대에서 본 것에 대한 시, 수필, 이야기가 많이 남아 있다. 기원후 53년부터 국립 천문원은 모든 특이한 현상을 자세히 기록해 보관했다고 한다. 즉 흑점, 유성, 구름, 폭풍, 바람, 지진, 조수, 극심한 기온, 과도한 비와 눈을 기록했다. 또 태양, 달, 행성의 움직임도 연대순으로 자세히 기록했다. 14세기의 학자 안축이 첨성대에 대해 지은 시는 유명하다. 이 시를 보면, 거의 500년 전에도 그 외롭고 황량한 탑이 낭만적인 대상이었음을 알 수 있다.

신라의 첨성대

안축

신라의 장대함이 높이 치솟았다

시간의 무게에 눌려 떨어지고,

첨성대만이 서서 하늘을 가르네.

신라 왕실의 현인들은

이곳에서 내다보며 하늘의 계시를 읽고

은혜를 땅에 받았지.

아아! 누가 이들의 자리를 메우랴?

우리는 헛되이 우네.

　한국의 목판 인쇄 기술은 1500년 넘게 융성했다. 그렇게 오래된 시대에 출판한 역사서 등의 책을 보면, 그 당시에도 인쇄 기술이 거의 완벽에 가까웠음을 알 수 있다. 권위 있는 자료에 따르면, 기원전에 움직일 수 있는 목판으로 한 고전을 찍어냈다고 한다.(『한국유기』 제4권) 많은 이기 한국이 움직일 수 있는 활자판으로 인쇄하는 체계를 발명한 최초의 나라라고 본다. 어떻게 그렇게 할 수 있었는지는 알 수 없지만, 한국은 독자적으로 이런 업적을 거뒀다.

다른 나라도 이와 똑같은 발명을 했지만, 한국의 업적은 분명히 주목할 가치가 있다.

한국은 히데요시의 침략 이전에 '도자기'의 황금시대를 맞았다. 가장 뛰어난 자기의 예는 오래된 무덤에서 발견된다. 무덤에서 아주 귀중하고 아름다운 자기들이 발견되었고, 서울박물관에는 고려자기가 전시돼 있다. 고려자기는 유약을 칠해 구운 것으로, 현재 일본의 사쓰마 자기의 어머니다. 현대에는 옛 예술 작품을 모방해, 아름다운 자기를 많이 만든다. 색깔은 보라색을 띤 부드러운 회색이고, 명암은 연한 자주색에서 옅은 초록색까지 미세하게 차이가 난다. 흙으로 빚은 자기는 옅은 회색이 감도는 초록색 유약을 칠해 굽는다.

제 3 장
자연환경

   몇 년 전만 해도, 폭넓은 교양과 지식이 있는 사람들도 '한국
(Korea)'이란 이름을 들으면, 막연히 남태평양에 있는 알려지지 않
은 어떤 섬이라고 생각하거나, 중국의 어느 내륙 지역이라고 헷갈
려 했다. 이제는 그렇지 않다. 작지만 용맹한 나라 '한국'이란 이름
을 잘 모르거나, 한국의 역사를 조금이라도 모르는 사람은 정말
세계정세에 무지한 사람이다. 한국인은 자기 나라를 '조선'이나 '대
한'이라고 부른다. '고려(Korca)'란 이름은 처음에 중국에서 와서,
영광스러운 왕씨 왕조에 속해 있었다. 왕씨 왕조의 왕들은 휘황찬
란한 수도를 송도라는 오래된 멋진 도시에 두었는데, 1392년 이씨

왕조의 새 왕의 권력이 커시기 전에 몰락했다.

한국은 극동의 정세에서 점점 더 중요한 위치를 차지하고 있다. 동양의 문제가 빠르게 전 세계의 문제가 되고 있기에, 이 작은 나라는 세계 강국의 혼란스러운 갈등에서 숨어 수세기 동안 잠자며 은둔국으로서 자국을 지키려 했지만, 자기 의지와 달리 공공의 주목을 받게 되었다. 한국이 하나의 국가로 설립된 정확한 날짜는 알려져 있지 않다. 19세기 후반까지 한국은 4천 년 넘게 지속된 자국의 오래된 문명에 만족했다는 것은 잘 알려져 있지만 전설과 진실을 구별하기는 어렵다. 한국인은 신들의 후손으로, 기원전 1100년에 추종자들과 함께 한국으로 건너온 유명한 중국 현자인 기자(箕子)의 자식들과 섞였다. 한국은 중국을 존경하고 동경했고, 중국의 문명과 지혜를 많이 받아들여 동쪽의 이웃에게 전했다. 과거의 기록에 따르면 유럽인이 숲 속에서 날뛰고 있을 때, 그리고 로마의 번성기 때, 한국은 질서 있고 문명화한 왕국이었다. 그러나 한국은 벨기에처럼 불행히도 세 강국 사이에 있었고, 각 강국은 동양의 지배자가 되려고 애썼다.

위치와 크기

아시아에서 한국의 위치는 북미에서 플로리다의 위치와 비슷하고 모양과 크기도 플로리다반도와 비슷하다. 해안선은 거의 1700마일이고, 그 주위로 많은 섬이 흩어져 있어, 만 개나 되는 섬을 거느린 왕으로서 당당히 앉아 있다. 한국은 크기가 85,000평방 마일 정도이므로 비교를 위해 '뉴욕 주와 펜실베이니아 주를 합한 것보다 좀 작다'고 말한다면, 정말 작아 보인다. 하지만 우리는 지구에서 가장 강력한 나라가 늘 가장 큰 나라는 아니었음을 기억한다. 그렇기에 어쩐지 이렇게 말하는 게 훨씬 나아 보인다. "이 나라는 영국보다 조금 더 크고, 1차대전 전의 독일의 반 정도 크기, 또는 일본 크기의 반으로, 이탈리아왕국보다 조금 작다."

인구

2천만 명. 이는 아득한 옛날부터 내려온 시적인 숫자다. 정부가 말하는 인구수도 정확하다고는 주장하지 않지만, 한국의 인구는 2백만 명에서 2천만 명 사이로 추정한다. 청일전쟁 전에는 인구조사라는 것이 없었다. 가옥세⁸를 거뒀기 때문에, 호구조사만 300년 동안 했다. 그리고 그 추정치는 한 집에 5명으로 동양에서는 아주 보수적인 추정치였다. 군수는 자기가 측정한 호구 수 이상의 세금

---

8 헐버트의 『한국의 역사』, 88호, 174쪽.

올 서울로 보낼 리 없었다! 최초의 호구 추정 보고에 따르면, 인구는 1200만 명을 조금 넘었다. 그 이후의 조사에 따르면, 800만에서 1200만 명까지 다양하다. 왜냐하면 세금을 높이려는 것은 흔한 새 계획이었고, 할 수 있는 사람은 누구든 호구수 기록을 피했기 때문에, 조사 결과는 전혀 정확하지 않았다. 현재 정부가 가장 최근에 조사한 인구수는 18,284,207명이다.

기후

확실히 한국의 기후는 세계에서 가장 쾌적하고 건강에 좋다. 솔직히 때때로 불편할 만큼 습기 차고 끈적끈적한 장마철 6주를 빼면, 한국의 기후는 아주 좋다.

지도를 보면, 한국은 에스파냐 남부나 아프리카 북부와 위도가 비슷하고, 뉴욕에서 워싱턴까지 지나는 선, 즉 34도에서 43도까지 9도에 걸친 같은 위치에 있음을 알 수 있다. 더운 철에도 해풍 때문에 기온이 온화해 언제나 운동을 할 수 있다. 1년 중 아홉 달 동안 하늘이 맑고, 한국의 겨울은 지구에서 가장 좋다. 치명적인 미생물이 죽을 정도로만 춥고, 맑고 상쾌하기 때문이다.

멕시코 만류에 해당하는 따뜻한 태평양 해류가 일본 동부 규슈섬의 해안을 따라 흘러와, 한국은 만물이 자라기에 천국인 따뜻하고 습한 기후다. 하지만 6주, 또는 그 이상의 장마철은 어떤가? 비, 비, 비, 비가 얼마나 내리는지! 아무리 잘 지은 지붕도 계속되는 호우를 견뎌내기 어렵다. 장마철에 그렇게도 많은 집이 말 그대로 녹아내리는 것도 당연하다. 어떤 서양인은 한국에서 보낸 첫 달간 40일 밤낮으로 비가 내렸다고 한다! 확실히 계속되는 비에 천정은 새고, 벽은 바래며, 책과 신발은 푸른곰팡이로 뒤덮이고, 깊은 강바닥은 성난 급류로 바뀐다. 또 때때로 비는 아주 끔찍한 재해인 홍수를 일으킨다. 연평균 강수량은 30인치로 심하게 많지는 않으나, 그 비의 대부분이 끝없이 햇빛이 비치는 몇 달 사이의 특정 기간에 내린다.

자연미

한국은 확실히 산이 많은 나라다. 한국의 중추를 이루는 대산맥은 적당한 거리를 두고 해안선을 따르며, 서쪽으로 많은 지맥과 산맥이 나 있어, 이 나라를 물결 모양의 산맥으로 나눈다. 이들 산맥은 가파르게 경사진 산허리와 좁은 계곡이 있고, 많은 산맥이 아주 비옥하다. 중앙에 있는 이 대산맥은 남쪽으로 가면서 척박하고 바위투성이인 작은 평지로 변한다. 이 산맥에서 모든 곳에서 튀어나온 것 같은 언덕들에, 한국인은 자기 나라를 이렇게 묘사했다. "산 넘어 산, 무수한 산." 한국은 울퉁불퉁하고 아름다운 산이 많은 나라로, 때때로 이들 산은 다채로운 들꽃으로 물든다. 이런 아름다운 꽃이 만개해 온실 주인의 마음은 기쁠 것이다. 헬리오트로프, 분홍색과 진홍색 진달래가 산허리를 붉게 물들이고, 고광나무, 조팝나무, 으아리, 은방울꽃도 많다. 또 긴 여름날에는 멋진 장미, 산작약, 참나리, 용담, 노란색과 분홍색 나리, 나무와 돌 위에 드리운 인동덩굴을 볼 수 있다.

꾸불꾸불한 산맥의 큰 중추는 북쪽 경계에 있는 백두산에서 우뚝 솟은 벽처럼 시작된다. 백두산은 시베리아 스텝을 가로질러 오는 침입자를 막으려고 애쓰는 것처럼, 높이가 7,800피트다. 이 산맥은 남쪽으로 뻗어 내려가, 북쪽 끝과 남쪽 끝의 거의 중간에 있는 장엄한 금강산에서 다시 높아진다. 금강산에서 가장 높은 봉우리는 5,856피트다. 금상산은 세계에서도 매우 아름다운 곳으로 오래전부터 유명했고, 때로 '동양의 알프스'라고도 한다.

'금강산'이란 이름의 유래에 대해 어떤 이들은 이 산의 '일만 이천 봉'이 다이아몬드(금강석)와 닮았기 때문이라고 한다. 또 어떤 이들은 이 산의 몇몇 봉우리에서 훌륭한 다이아몬드가 많이 나기 때문이라고 한다. 한편, 어떤 이들은 이를 부인하고, 옛날에 인도에서 「금강경」을 가져와 안전하게 이 깊은 산 속에 숨겨 놓았기 때문이라고 한다. 금강산에서 가장 야생 그대로 웅장하고, 가장 아름답고 높은 곳에는 여전히 역사적으로 중요한 한국의 절이 있다. 이들 절은 유서 깊은 역사와 아름다운 풍경으로 유명하다. 이들 절과, 절의 귀중한 책과 옛 전설의 역사는 아주 흥미롭고 매혹적인 연구 대상이다. 한국인은 이 크고 울퉁불퉁한 등뼈 같은 산맥이 이 나라를 두 부분으로 나눠, 한반도를 내려가면서 99번 굽이진다고 한다.

한국의 군도

쓰시마 해협과 남해안의 한국 갑 사이엔 세계에서도 매우 주목할 만하고 위험한 군도가 있다. 여기에는 천 피트 높이의 울퉁불퉁한 불모의 바위의 험한 무리부터, 바다에 깎인 낮은 조그만 섬까지, 다양한 모양과 크기의 섬 200개가 본토를 자연스럽게 보호하고, 무수한 바다새에게 안식처가 된다. 어떤 섬은 비옥하고 잘 경작했으나 어떤 섬은 척박한 무인도라 무시무시하다. 한사리⁹에 잠긴 섬 때문에 이 해안은 항해하기에 매우 위험한 곳이다. 동쪽으로 멀지 않은 곳에 러시아인들의 현대식 함대가 로제스트벤스

---

9 음력 보름과 그믐 무렵에 밀물이 가장 높은 때.(역자 주)

키 제독의 지휘 하에 큰 배 38척을 이끌고 왔다가, 1905년 3월 28일 일본해[10] 전투에서 도고 제독의 함대에게 전멸됐다. 이곳의 섬들을 둘러싼 바다에는 해면동물, 진주, 산호, 많은 신기한 생물이 산다.

강

백두산은 얄루강[11]과 투먼강[12]의 수원이다. 얄루강은 서쪽의 황해로 흘러들어가고, 투먼강은 동해안의 일본해로 흘러들어간다. 이 두 강은 함께 한국의 최북단 경계를 형성한다. 이 두 급류는 어떤 곳에선 아주 좁고, 아주 다른 언어와 관습이 있는 국민들을 나눈다. 양국민들은 각각 자기 것, 자기 선조들이 수백 년간 수 세대 동안 전해온 이상을 고집한다.

한국의 상류 바다에서 하구일 때까지 배가 가까갈 수 있는 강은 거의 없다. 그 예외는 북쪽의 평양에 있는 대동강, 남쪽의 대도시인 대구가 그 강기슭에 있는 낙동강, 한국에서 가장 크고 중요한 강인 한강이다. 한강은 많은 위험한 급류에도 불구하고, 170마

---

10 동해.(역자 주)
11 압록강의 중국식 표기.(역자 주)
12 두만강의 중국식 표기.(역자 주)

일이 넘는 중요한 상업용 수로다. 한강은 수원이 금강산으로, 거의 한반도 전체를 가로질러, 수도 서울을 지나 제물포에서 황해로 빠진다. 한강은 한국의 강 중 가장 장엄하고, 종종 '금사강(金砂江)'이라 불린다. 하구부터, 구불구불한 강의 경로 위아래로, 많은 그림 같은 구식 돛단배가 움직인다. 이들 돛단배는 곡물, 장작, 강 유역을 따라 있는 비옥한 농토의 산물을 가득 싣고 있다.

항구

한국은 위험한 해안선 때문에 좋은 항구가 거의 없다. 그러나 몇몇 항구는 흔치 않게 훌륭하고, 겨울 내내 열려 있다. 가장 좋은 항구는 부산, 제물포, 울산이다. 동해안은 가파르고 바위가 많고, 수심이 아주 깊으며, 조수가 1-2피트밖에 되지 않는다. 그러나 울산은 동해안의 유일한 항구이지만, 유명한 나폴리 만에 맞먹을 만큼 세계에서도 아주 좋은 항구로 꼽힌다. 서쪽과 남쪽에서는, 펀디 만을 빼면 세계에서 가장 높은 조수가 26-38피트만큼 차올랐다 내려간다! 무수한 작은 섬 사이의 해협은 엄청나게 세찬 조수 때문에 항해하기 위험하고, 하구 근처의 흙으로 된 거대한 둑 때문에 항해는 더욱 어렵다.

농업과 농산물

6백만 명이 넘는 한국인이 농업에 종사하므로, 농업이 전국적 산업이라고 해도 좋을 것이다. 많은 땅이 아주 비옥하고, 어떤 곳은 바위가 많고 척박하지만, 모든 땅에서 농작물이 나는 것 같다. 서울의 북동쪽에는 넓은 화산암 벌판이 있고, 많은 곳에서 화산암과 활동을 멈춘 화산 분화구의 흔적을 발견할 수 있다. 토양은 해질녘 색깔처럼 붉고 단단한 진흙부터, 기름진 검은 흙까지 다양하다. 훨씬 더 많은 곳에서 특징적인 토양은 흰빛을 띠는 회색의 부서진 화강암이다. 이 토양은 너무 척박해 보여 아무것도 자랄 것 같지 않지만 농부들이 이뤄내는 결과는 놀랍다. 서양인은 이 땅이 이렇게 가망 없어 보이는데도 풍부한 농산물을 생산해 내는 것에 경탄할 뿐이다.

가장 큰 위험이자 농부가 두려워하는 것은 홍수다. 거의 해마다 생명과 재산을 파괴하는 홍수가 일어나 어떤 때는 마을 전체를 휩쓴다. 어떤 지역에서는 홍수가 가장 비옥한 땅을 침식시켜 파괴했다. 진흙과 자갈 수백만 톤이 언덕에서 쓸려와, 잔해의 몇 피트 아래에 있는 벌판을 뒤덮어, 이 층을 제거하지 않으면 땅을 경작할 수 없었다. 이 비싼 과정은 때로 수년에 걸쳐 진행됐다. 수세기 동안 사람들은 언덕과 산에서 나무를 취해 재목과 연료로 쓰고, 그

대신 다시 숲을 조성하는 것에는 거의 관심이 없었다. 다행히 이제 이 절차를 확인해 언덕을 계단식으로 만들고, 어린 소나무와 아카시아나무를 무수히 심고 있다.

이 나라의 다른 메마른 곳에서는 토양이 장미처럼 피어나도록 관개수로를 기다리고 있다. 그러나 불확실한 강우 때문에 농부에게 가뭄은 무시무시한 위협이다. 큰 관개 회사들이 이미 이 불확실성을 바꾸려고 많은 일을 했고 한국에 온 일본 식민주의자의 숫자는 이 땅이 귀중하다는 증거다.

한국은 쌀의 땅이다. 물론 다른 곡물도 많이 난다. 보리, 밀, 기장, 콩, 렌즈콩, 참깨, 다른 많은 곡물이 고대의 월계수처럼 무성하다. 하지만 쌀은 정말 곡물계의 왕이다. 그리고 벼가 자라는 벌판은 얼마나 아름다운지, 세상에서 가장 아름답다! "강수량이 적합한 해에, 부산에서부터 얄루강과 투먼강까지 일렁이는 논은 이 땅을 찬탄한다. 한국의 아름다운 벼는 어느 땅에서도 최고이고, 최근 몇 해 동안 일본은 해마다 쌀 수백만 가마를 수입했다. 일본인도 한국의 쌀을 세계 최고로 생각한다. 너무나 많은 한국인이 자기 땅에서 기른 훌륭한 흰 쌀밥을 먹을 수 없었다는 것이 안타깝다. 부자만이 이 사치스러운 음식을 날마다 먹을 수 있다."(게일 박사, 『전환기의 한국』, 8쪽). 결과적으로 한국은 자기 쌀을 수출하고,

가난한 계층은 만주에서 들어온 싼 기장을 먹는다.

과일

이 나라는 전국적으로 빠르게 과수원이 되고 있다. 기후가 다양하고 최북단과 남단이 자연히 많이 다르기 때문에 다양한 과일과 채소가 난다. 최근에는 품질을 향상시킨 다양하고 우수한 사과, 포도, 배, 살구, 복숭아를 비옥한 충적토에서 개발해, 품질이 떨어지는 종류를 급속히 대체하고 있다. 동양에서 최고의 과일은 한국의 감이다. 맛있게 잘 익은 감은 진정한 자생종으로, 잘 아는 사람들은 한국의 감을 최고라고 한다.

목화와 담배

한국은 세계에서 다섯 번째로 목화를 많이 생산하는 나라로 알려져 있다. 평범한 씨앗과, 기술의 향상 없이 이룬 결과다. 그러나 한국 목화로 만든 천의 광택과 부드러운 섬유는 너무 우수해서, 바다 건너 사는 전문가들이 한국의 목화로 더 많이 실험하지 않는 것이 의아할 정도다. 한편, 한국에 온 이방인은 머지않아 한국인이 담배를 잘 알고 좋아한다는 사실을 알게 된다. 그러나 열성적인 서양인은 막대 끝에 작은 사발이 있는 긴 담뱃대를 하루 종일 뻐끔거려도, 큰 여송연 두 개비보다 니코틴이 적다는 것에 머지않아 불만족할 것이다. 한국에는 전국적으로 담배 패치가 있는데 품질이 아주 낮다고 하며, 정평 있는 버지니아 주의 방식은 아니지만 조심스럽게 말린 것이다. 담배와 감자는 17세기에 좌초된 네덜란드 선원들이 준 선물이라고 한다. 한국인은 아마 그 신기한 서양인들은 곧 잊었겠지만, 감자와 담배 문화는 뿌리를 내려서 한반도 전체에 퍼졌다.

사냥과 어업

한국은 정말 사냥꾼의 천국이다. 사냥감이 유별나게 풍부하기 때문이다. 어떤 사냥꾼이라도 보면 눈이 번쩍일 화려한 금빛 꿩, 은빛과 구릿빛 꿩이 넘쳐나서, 때때로 꿩은 뜰에서 곡식이 아직 익고 있을 때 농부에게 심각한 골칫거리가 될 정도다. 봄과 가을에는 무수한 새가 모든 시내와 만에 몰려든다. 사냥꾼이 서식지에 침입하면, 백조, 물오리, 거위, 오리가 하늘을 뒤덮고, 새들의 아우성이 하늘을 찌른다.

오래전부터 한국의 깃발에서 날개 달린 호랑이는 명예로운 위치를 차지했고, 힘과 맹렬함을 상징했다. 오늘날에도 산의 왕은 한국의 역사와 한국인의 머릿속에서 최고의 위치를 차지한다. 만주의 다양하고 아름다운 줄무늬가 있는 호랑이들은 멋진 털가죽이 있고, 추운 겨울 때문에 남쪽의 벵골 호랑이보다 털이 훨씬 더 길고 두텁다. 호랑이는 엄청난 크기와 털가죽의 아름다운 무늬 때문에 대단히 가치 있다. 산의 왕의 털가죽을 경이로운 눈으로 바라보면, 이 나라의 이야기, 전설, 민간전승에 이제 놀라지 않게 된다. 즉 이 짐승이 그 속에서 정당한 위치를 차지해야 한다는 것이 더 이상 이상하지 않은 것이다. 그러나 맹렬한 호랑이만 기고만장한 것은 아니다. 호랑이 다음으로 털가죽이 최고인 윤기 나고 잘생긴 표범, 큰 아메리카곰, 그보다 작은 갈색곰이나 밤색아메리카곰, 사슴, 멧돼지도 사냥의 묘미를 더한다. 또 이 사냥꾼의 천국에는 여우, 비버, 오소리, 다람쥐, 다른 많은 털 있는 동물 등, 그 외 작은 사냥감도 흔하다.

한국의 해안에 철썩이는 바다에는 거의 끝을 모를 만큼 다양한 물고기가 풍부해, 무수한 해안 마을의 사람들이 어업으로 편안히 생계를 유지한다. 각 어촌에는 어선 6-12개가 있다. 이 배는 얼룩덜룩하고 줄무늬 있는 아름다운 회색 물고기를 가득 실어오고, 때가 이르면 내륙의 도시로 가, 사람들에게 주식을 제공한다. 행상인들은 소금에 절인 건어물을 갖고 마을에서 바로 내륙으로 오는데, 이는 분명 이익이 되는 장사다.

광물

한국의 풍부한 광물은 태곳적부터 유명했다. 아랍인들은 수세기 동안 유명한 '신라의 황금 언덕'을 알고 있었다. 그 당시에 한국은 신라라고 불렸다. 한동안 한국이 진정한 엘도라도이고, 한국의 강에는 황금이 흐르며, 평원은 황금 흙으로 돼 있고, 산은 금덩어리가 쌓인 것이라고 믿었다. 그러나 아주 최근의 몇 해 전까지, 언덕의 신성함과 언덕 속에 사는 정령들의 질투 많은 수호 때문에 광물을 거의 캘 수 없었다. 그러나 이제 신성한 언덕들은 평화로이 쉴 수 없다. "언덕의 정령에도 악귀에도 무심한 사람들이 있다. 이들은 조상의 산에서 바위를 폭파하고, 언덕의 바로 중심부에 깊은 수직굴을 파고, 바위 부스러기를 끌어내 흙으로 부수고, 지금까지 꿈도 못 꾼 마법의 주문으로 이것을 상업의 재물로 만든다." (게일 박사의 『전환기의 한국』, 8쪽).

어떤 지역에서는 우수한 석탄, 무연탄과 역청탄 모두가 발견된다. 무연탄은 품질이 아주 좋아서, 일제 해군이 쓰려고 일본에까지 실려 간다. 철과 구리도 여기 있다고 하나, 아직 많이 캐진 않았다. 반면, 수은, 납, 주석은 캐낼 가치가 충분히 있다.

수세기 동안 지진이 없었기에, 일본인을 그렇게도 놀래키는 지진은 한국에서는 거의 알려져 있지 않다. 태풍과 파괴적인 허리케

인도 드물다. "밝고 아름다우며, 기묘하게 조용하고 완벽한 아침, 예배당의 종소리처럼 맑고, 많은 새의 아름다운 소리 가득한 아침이 젊음의 전기를 띤 기쁨과, 이 무미건조한 세상에서 흔치 않은 고요함으로 영혼을 채운다." 그리하여 옛 현자들은 이 나라를 조선, 즉 '고요한 아침의 나라'라고 불렀다.

제 4 장
일상생활

한국과 한국인에 대한 피상적인 지식에 만족한 관광객, 세계 여행가, 어쩌다 찾아온 방문객은 한국에 며칠이나 몇 달 머무르고 떠나, 한국인의 게으름에 대해 쓴다. 그렇게 본 사람들은 이곳의 진짜 상황을 거의 이해하지 못했음을 보여준다. 세상에 게으르고 일하기 싫어하는 사람이 하나도 없는 곳이 어디 있는가? 분명 한국에는 이런 사람들이 더 명백히 있지만, 수세기 동안 관리와 양반 계급이 가한 경제적 압박과, 세속적인 소유물을 축적하면 곧 몰수될 그들의 처지를 알게 되면, 그때서야 불필요한 일에 대한 하급 노동자의 태도를 이해하기 시작한다. 하급 노동자가 자기 가족의 재산을 '자기 것'으로 주상할 수 있을 때, 한국인에게 용기, 성실, 근면의 덕목은 아주 많은 영향을 미칠 수 있다.

국민

한민족은 신체적인 면에서 강하고 건장하며 잘생겼고, 평균적으로 다른 이웃나라 동양인들보다 훨씬 더 크다.

피부는 인도인과 거의 비슷할 정도로 구릿빛을 띠나, 얼굴색은 거무스레한 갈색부터 부드러운 갈색까지 다양하다. 머릿결도 가장 부드러운 비단결 같은 머리에서 철사 같은 머리까지 다양하다. 입은 "하급 노동자는 크고, 귀족은 얇은 입술이 특징적이다." 눈은 모두 어두운 색으로, 어떤 사람들은 검은색이고, 갈색에서 옅은 갈색까지 다양하다. 이마는 높고 지적으로 생긴 경우가 많다. 이는 민첩하고 기민한 정신과, 정신적·사회적·영적으로 빨리 발달할 수 있는 능력을 나타낸다. 기질 면에서 한국인은 부드럽고 온화하며 친절하다. 그러나 과거 역사에서 보듯이, 화나게 하면 심하게 폭발할 수 있다. 이렇게 친절하고 본래 온화한 민족이 어떻게 이전 세기에 가톨릭교도와 외국인을 끔찍하게 학살하게 됐는지 의아해진다. 하지만 이는 반기독교적 감정이라기보다는, 사랑하는 조국을 낯선 나라들, 외국의 관습과 종교의 악영향에 개방한 결과에 대한 두려움이었음을 기억해야 한다. 분명 그 결과를 보고 나니, 최대한 오래 나라 문을 걸어 잠그려 했던 옛 한국의 결심과 선입관에 충분한 근거가 있었다고 고백할 수밖에 없다.

특징

의심 많은 관리들이 종종 교활하고 불성실하게 자신을 보호한 것도 당연하다.

한국인의 가장 두드러지는 특징은 열렬한 민족정신이다. 한국인은 자신의 친구, 가족, 왕과 나라에 대한 충성심 때문에 종종 위험하고 고통스러운 일을 맞았다. 그러나 자신의 원칙을 위해 무언가 이룰 수 있다면, 한국인에게 위험과 고통은 아무것도 아니다. 한국인은 끝까지 용맹하여 패배하는 적이 거의 없었다.

정말 전형적인 옛 한국인은 여전히 보수적이고, 새로운 관습과 혁신, 자기 민족 안의 급진적인 요소, 외국인이 들여온 것을 의심쩍어 한다. 이들은 조상의 방식이 자신에게도 충분히 좋다고 보고, 이상한 새로운 것과 새 관습을 보면 한숨을 쉰다. 그 가운데 많은 것은 예전 시대의 것을 고집하는 이의 가슴에서 신음소리가 날 정도로 분명 충분히 나쁘다.

한국은 협정을 통해 항구를 세계에 열면서부터 외부 세계를 환대했다. 방문객은 어디든지, 심지어 산의 가장 멀고 외딴 작은 마을까지도 갈 수 있다. 그리고 한국인들은 분명 친절하게 환대하며 최고의 것을 줄 것이다.

한국인이 '양인', 즉 외국인에 대해 태곳적부터 느낀 혐오감을 내려놓을 수 있는 것은 이들의 상냥하고 예의 바른 성품을 잘 말해준다. 한국은 그 흉악한 전통을 하루 만에 없애고, 협정을 지켰다. 그 이후로 정치적 혼란과 종종 이루 말할 수 없는 갈등과 혼돈이 있었으나, 첫 번째 협정을 맺은 이후로 한국에 온 유럽인과 미국인은 한 명도 해를 입은 적이 없고, 가장 친절한 대우를 받았다.

그러나 한국인은 휴화산 같은 기질이 있고, 한국인의 정의감은 인내심보다 강함을 기억하는 것이 좋을 것이다.

한국의 양반

동양의 신비 중 하나는 한국 양반의 조용한 침착함이다. "양반은 엄청난 빚을 지거나, 자신의 흙집에 간 금 사이로 보이는 배고픈 늑대에 당황할지라도, 평온한 삶에는 여전히 흔들림이 없다. 양반은 침착함의 달인으로, 이는 다른 특성들의 기반이 된다. 양반은 공자에게서 모든 자연적 충동을 억제하고, 잘못된 미소나 생각없는 조치 하나라도 가장 큰 평화를 깨는 공개 무대에서 자기 역할을 하는 것처럼 움직이는 것을 배웠다." …… 양반은 육체노동을 하지 않는다. 사실 아무 노동도 하지 않는다. 양반의 삶은 하층 노동자를 부리는 것이고, 노동자는 모든 명령에 따른다. 양반은 자기 담뱃불을 붙이거나, 벼루에 먹을 가는 것도 아랫사람을 시킨다. 즉 삶에 필요한 가장 단순한 것도 스스로 하지 않기 때문에, 양반은 손이 부드럽고 손톱이 길다. "양반이 진정한 한국 상류층이 되려면, 고전에 뛰어나지는 않더라도 학자이기는 해야 한다. 높은 계급 양반의 아들은 말을 할 수 있을 때부터 중국의 고전을 배웠다. 그의 가장 큰 목표는 학자에게 너무나 중요한 시적 표현과 시의 형식을 '확립'하고 이해하는 것이었다. 서재에서 소년들이 드높고 단조로운 가락의 시가를 읊으면 그 집은 자랑스럽고 기뻐하며, 지적인 즐거움을 추구하는 데 일생을 바칠 수 있는 이는 행복한 사람이었다."[13]

수백 년 동안, 상업에 종사하는 것은 천하고 품위 떨어지는 일이라고 여겼기에, 양반은 오랫동안 이 분야에 대한 생각과 훈련을 무시하게 되었다. 그러나 요즘 양반은 은둔에서 빠르게 벗어나고 있고, 옛 시대의 전형적인 양반, "전성기가 지난 문명의 가장 독특

---

13 게일 박사, 『한국 스케치』, 184쪽.

한 유물"은 사라지고 있다.

옷

요즘 특히 서울에서 전문직 남자는 흔히 서양식 옷을 입는다. 이들이 옛 한국의 우아한 비단이나 흠 없는 아마천 옷이, 추하고 딱 붙고 어두운 색의 서양 옷에 비해 훨씬 더 멋지고 격조 있다는 것을 안다면, 이 품위 없는 기괴한 옷차림을 느리게 받아들일 것이다. 많은 남학교에서는 유럽식 교복을 입는다. 반면, 여학교 대부분은 자기 필요에 잘 맞는 반쯤 외국식인 교복을 택했다. 그러나 이 모든 것에도 불구하고, 옛 한국의 우아한 옷은 절대 대체되지 않았다. 수도는 여기저기에서 꽤 이국적으로 보이는 도시가 되고 있다. 돌로 된 상업지구, 벽돌과 콘크리트 건물, 잘 닦은 도로, 전차 체계와 멋진 전기 간판은 모두 30년 전의 이 도시와 대조석이나.

그러나 서울에서도 방문객은 휘날리는 흰 옷을 입은 남자들, 열대지역 새의 깃털처럼 화려한 옷을 입은 어린아이들, 우아하고 멋진 비단과 공단 옷을 입은 여자들을 보면 즐거워진다. 이는 한국인이 많은 세기 동안 입은 것과 같고, 몇 가지만 약간 변한 차림이다. 이런 옷을 눈부신 흰색으로 유지하려면, 거의 압도적인 양의 일을 해야 한다. 그리고 이렇게 진정으로 아름다운 옷이 사라져가

는 것은 안타까울 뿐이지만, 현대의 생활에서는 더 실용적인 옷이
필요하다는 것도 안다.

상투

오래전부터, 전형적인 서울 양반은 머리를 자르고 옛 시대의 독
특한 상투를 자랑하지 않지만, 서울 거리에서는 여전히 상투를 튼
시골 남자 수백 명을 볼 수 있다. 옛 시대 옷의 더없는 영광은 보
통 아주 좋은 말 털로 만든 챙이 좁은 상투였는데, 재료의 질은
주인의 주머니 사정에 따라 다양했다. 정수리 부분을 작은 원 모
양으로 밀고, 머리카락을 촘촘히 묶어, 산호 세공품 하나에 감아
돌렸다. 과거에 상투는 이 은둔국의 국민임을 나타냈고, 남자가 성
인이 되었음을 나타내기도 했다. 남자는 결혼을 약속하면 상투를
틀었고, 이는 성년이 되었음을 뜻했다.

상투는 몇 해 동안 논쟁의 축이었다. 새로운 생활양식과 관습
을 좋아하는 모더니스트들은 외세와 동맹과 협정 맺는 것을 좋아
했고, 상투라는 케케묵은 상징과, 상투가 나타내는 보수적인 것에
격렬히 반대했다. 우아하게 휘날리는 과거의 옷이 사라지는 것에
아무리 탄식한다 해도, 아름다운 것을 사랑하는 이들 중, 상투에
대해 안타까워하는 이는 사실 거의 없다. 그리하여 외부의 영향을

받지 않는 시골 남자는 상투가 옛 질서에 충성하는 표시로서 중요하므로, 여전히 이 국민의 상징을 고집한다. 그러나 젊은 세대와 학생은 때때로 한복을 입기는 하지만, 이 오래된 끔찍한 것을 경멸한다. 어떤 역사가들은 상투가 2천 년 전부터 있었다고 한다. 확실히 상투는 큰 사회적·법적 의미를 지녔고, 많은 세기 동안 귀중한 유산이었다.

한국에서 상투의 역사적 중요성을 의심하는 사람이 있다면, 1895년에 일어난 '상투 폭동'의 원인에 대해 읽어볼 일이다. 그 당시의 동요와 심각한 소요를 기억하는 이들은 그 직접적인 원인이 12월 30일의 칙령에서 상투를 비판하며, 모든 남자에게 머리카락을 자르라고 한 것이었다고 한다. 인내심 강한 한국인들은 싫어하는 외세가 지배권을 쥐고, 사랑하는 왕비가 살해당하고, 왕이 감금당하는 것을 봤고, 이 마지막 모욕은 도저히 참을 수 없는 것이었다. 청천벽력이 친 것이다. 즉 "상투가 떨어졌을 때, 한국 사회 질서의 기초는 위기에 처했다!" 왜였을까? 감금당한 왕에게 이런 모욕에 고개 숙이라고 강요한 세력이 왕에게 자기 백성에게 반하는 칙령에 동의하라고 강요했음은 잘 알려진 사실이었기 때문에, 소위 '상투 폭동' 동안 모든 항의는 그 권위에 대한 적대적인 행위였다. 그렇지만 여전히 옛 시대의 어떤 귀족들은 "절대 무릎을 굽히

지도 머리를 자르지도 않았다!"

남자 옷

옛 시대의 양반은 영원한 기쁨을 주진 않지만, 상투 없이도 아름답다. 한국 양반의 옷은 세상에서 가장 위엄 있고 장엄하다. 그러나 옷은 아주 다양하고 큰 차이가 있다. 처음에 슬쩍 보면, 모든 남자가 재단 양식보다는 품질과 천에서 차이가 날 뿐, 아주 비슷하게 입은 것처럼 보일 것이다. 예전에는 남자 옷의 모든 세부사항을 법으로 정했고, 자기 계급의 옷만 입을 수 있었다. 모자의 크기와 재료, 모자에 다는 장식과 구슬의 모양과 종류, 그 외 수많은 세부사항을 모두 각자의 사회적 위치에 맞게 법으로 정했다. 이제 남자는 위치와 상관없이, 자기가 마음에 드는 옷이나, 주머니 사정에 맞는 옷을 입는다. 그러나 오늘날에도 상주, 하급 노동자, 농부의 옷에 대한 옛 관례는 다소 영향력이 남아 있다.

상류층 남자

부유한 양반은 외출할 때 실내복 위에 길고 헐렁한 겉옷인 '두루마기'를 입는다. 두루마기는 겨울옷은 비단이나 공단에 속을 덧대 만들고, 여름옷은 좋은 명주나 아마천으로 만들며, 발뒤꿈치까지 온다. 요즘에는 실용주의적인 경향으로 어두운 색과 심지어 검정색도 많이 보이나, 흰색이나 아주 옅은 파란색이 가장 선호하는 색이다. 이 겉옷은 길거리나 격식을 갖추는 자리에서 입고, 집에 들어오면 조심스럽게 벗어서 접어둔다. 그러면 양반의 짧은 저고리와 헐렁한 바지가 나타난다. 이런 옷 한 벌을 만들려면 엄청난 양의 재료가 필요하고, 양반 품위를 흠 없이 유지하려면 양반 집의 여자들은 엄청난 인내심으로 고생을 해야 한다. 겨울용 저고리, 겉옷, 바지는 모두 두터운 면 덧감이나 그 사이의 비단 솜으로 두 겹으로 만든다. 즉 옷을 빨 때마다 뜯어서 다시 만들어야 하는 것이다. 이러니 많은 여자가 새로운 유행을 좋아하는 것이 당연하다.

신발

제대로 갖춰 입은 양반은 흰 면으로 된 우아하고 꼭 끼는 버선과, 무도화와 조금 비슷한 말쑥하고 깊이 파인 신발을 신는다. 신발은 주인이 집에서 나올 때 신도록 문 앞의 계단에 준비한다. 왜냐하면 신발은 벗고, 자기 집에서가 아니면 모자는 계속 쓰는 것이 예의이기 때문이다. 양반은 자기 집에서는 모자를 벗고, 좋은 말 털로 만든 탕건을 쓴다. 이러니 현대 한국의 학생과 사업가들이 이 일상적인 세상에서 이런 우아한 의복이 방해된다고 느끼거나, 여자들이 서양의 어두운 색 신사복이 빠르게 자리 잡는 것에 기뻐하는 것도 당연하다. 하지만 이것이 현대 생활에 맞지 않는다는 사실에도 불구하고, 이렇게도 독특한 것이 사라지거나, 옛것과 새것이 섞여 옛것을 훼손하는 것은 안타깝다.

남자 노동자의 옷

하급 노동자의 옷이 한가한 양반의 옷과 주로 다른 점은 힘든 일을 할 때 입는 옷이기에, 보통 표백하지 않은 면처럼 더 질기고 거친 천으로 만든다는 것이다. 노동자는 일할 때 겉옷인 두루마기를 벗지만, 차려입었을 때는 똑같이 노르스름한 흰색의 휘날리는 겉옷을 입는다. 두루마기를 깨끗하게 유지하는 건 힘든 일이다. 많은 경우, 한때 거의 하얗던 옷이 곧 거무죽죽한 회색이 되는 게 이상할 것 없다. 노동계급 여성은 방앗간이나 밭에서 자기 몫의 일을 톡톡히 한다. 즉 가족의 옷을 흠 없이 하얗게 유지하기 위해 끊임없이 빨래할 여유가 없다. 외국인은 한국인들의 옷이 한때 흰색이었음을 곧 알아차린다. 그러나 외국인은 '지저분한 흰색'을 경멸하고 싶을 때, 사기 옷이 흡수한 내와 먼지를 갑자기 어떤 방법으로 모두 걷어낸다면 어떻게 보일지 명심하는 것이 좋을 것이다.

상주

상주의 특이한 옷은 한국 옷에서도 매우 특징적이다. 상주의 옷은 거친 노란색 '삼베'나, 표백하지 않은 모시로 만든다. 아버지를 여읜 남자는 볏짚으로 만든 거친 밧줄을 허리에 두른다. 반면, 어머니를 여읜 경우, 표백하지 않은 천 조각을 두른다. 상주의 두건과 굴건[14]도 삼베로 만든다. 상주는 똑같은 재료로 된 가리개를 손에 들고, 큰 두건 아래 얼굴이 드러난 부분을 가린다. 상을 당한 여자도 슬픔을 겉으로 드러내야 하고, 삼베로 이 긴 기간을 드러낸다. 여자는 큰 두건을 쓰거나 얼굴 가리개를 들지 않고, 거친 천 조각이나 밧줄로 긴 머리카락을 땋아 머리에 감는다.

여자 옷

잘 모르는 사람이 보면, 한국 여자의 옷은 여러 해 동안 거의 변화가 없는 것 같다. 그러나 여자 옷은 소매의 넓이, 저고리의 길이, 치마의 폭과 길이 등이 계속 변해 왔다. 이런 변화는 파리의 변덕스러운 변화에 비하면 얼마나 작은가! 한국 여자의 평상복은 아주 단순하고 조촐하다. 그리고 신부, 궁녀, 기생이나 무당의 옷

---

14 상주가 상복을 입을 때에 두건 위에 덧쓰는 건.(여자 주)

은 각각 특별히 언급할 가치가 있다.

소매가 긴 짧은 저고리는 주인의 재력과 취향에 따라 비단, 공단, 아마천이나 거친 면으로 만든다. 그리고 남자 옷과 마찬가지로, 저고리는 겨울에는 안감을 덧댔다가, 빨 때마다 뜯어서 다시 꿰매야 한다. 치마는 폭이 넓고, 프랑스 제정시대 치마처럼 팔 아래에서 시작돼 넓은 띠에 주름이 잡혀 있다. 많은 여학생과 젊은 여자는 유행에 따라 짧은 치마를 입는다. 반면, 더 점잖은 기혼 여성은 여전히 바닥까지 닿고 우아하게 주름 잡혀 떨어지는 치마를 입는다. 색깔은 열대지방 새의 우아한 깃털처럼 할머니 옷의 아주 연한 파란색부터, 어린 소녀 옷의 진홍색까지 다양하다. 눈이 검은 거무스름한 미녀가 입으면 그 놀라운 색깔 조합은 늘 멋지지만, 유럽인은 아무도 입을 수 없다. 여자는 나이가 들수록 더 옅은 색을 입고, 나이 많은 여자는 흰색만 입는다.

아이 옷

어린아이는 가장 화려한 색의 옷을 입는데, 이런 선명한 색상의 옷의 재단 양식은 어른 옷을 본뜬 것이다. 가장 놀라운 색깔의 조합은 작은 저고리에서 볼 수 있다. 파랑, 보라, 선홍, 진홍, 노랑, 초록, 자주 중 어떤 조합이든, 또는 모든 색을 조합해 무지갯빛으로 만드는 것이다. 아이가 명절 때 가장 잘 입는 외투는 진정한 '요셉의 색동옷'[15]으로, 소매에는 상상할 수 있는 가장 화사한 색의 줄무늬가 있다. 아이 신발은 어른 신발처럼 각자의 경제 사정과 삶의 위치에 따라 가죽, 비단, 펠트, 베실이나 볏짚으로 만든다.

한국의 집

서울이 내려다보이는 남산에 서면, 아래에 보이는 다양한 건축물과 구조에 바로 깊은 인상을 받을 것이다. 저쪽에 북궐[16]이 있고, 더 멀리에 동궐[17]이 있다. 이들 궁궐은 진정한 한국 건축물의 아름다운 예이고, 4세기 동안 무사와 귀부인들의 큰 궁정이 있는 왕실의 집이었다. 이 오래된 궁들은 정평 있는 북경식으로 1층으로 지었지만, 높은 기와지붕이 가장자리에서 우아하게 곡선을 그린다. 산에 높이 올라가서도, 궁을 둘러싼 높은 담을 넘어볼 수 없다. 안마당 너머 안마당이 나오는 미로와, 매혹적인 정원으로 이어지는 복잡한 통로, 작은 못에 맞닿은 멋진 정자를 추측해야만 한다. 궁벽 가까이, 궁의 문가 여기저기에는 더 가난한 사람들의 집이 몰려

---

15 성서에서 나오는 이야기로, 야곱이 특히 사랑한 아들 요셉에게 입힌 색동옷.(역자 주)
16 경복궁.(역자 주)
17 창덕궁과 창경궁.(역자 주)

80

있다. 이들 집의 회색 초가지붕은 부유한 귀족들의 가파른 기와지붕과 다닥다닥 붙어 있다. 모두 유쾌하게 뒤섞여, 여기저기 흩어져 있는 것이다. 왕궁, 부자와 가난한 이들의 집들이 좁고 구불구불한 길을 따라 서로 공간을 차지하려고 경쟁하는 것 같다.

귀족의 집은 보통 1층에 기와지붕의 건물들이 연결돼 있다. 이런 집은 수세기 동안 지은 것인데, 세대마다 일족이 커지면서 필요하면 추가해 지었다.

남산에서 내려다보면, 이 기묘한 오래된 도시는 펀치 사발처럼 놓여 있고, 도시 중심부를 포함하는 큰 웅덩이에서 사방팔방 계곡으로 뻗어나간 모양이다. 그림 같은 고궁, 구불구불한 도시 성벽의 오래된 3중 기와지붕, 수많은 회색 초가지붕뿐만 아니라, 여기저기 점점이 박힌 새 현대식 건물도 보일 것이다. 현대식 건물은 중세적인 배경에서 이상하게 부조화해 보인다. 인접한 많은 언덕에는 신식 빌라와 부자의 피서용 별장이 있다. 그러나 가장 흥미로운 것은 평민의 일상생활과 이들의 특징적인 집이다.

안마당

귀족부터 농부까지, 사람들의 집은 크기와 구조가 당연히 다르지만, 안마당은 유일하게 모두에게 있는 것이다. 방 하나에 기대어

지은 부엌이 있는 아무리 가난한 집이라도, 조그마한 안마당이 있다. 단지 높은 덤불로 남의 시선을 가리는 안마당일 뿐이라도 말이다. 부잣집에는 이런 안마당이 연달아 있어서, 각 아들과 각 아내가 안마당에서 사생활을 보장받는다. 그러나 부자든 가난한 자든, 안마당은 한국 집에서 가장 신성한 곳이다. 어떤 안마당은 흐르는 분수와 만개한 꽃이 있어 아름답고 멋지다. 반면, 어떤 안마당은 부엌에서 쓸 큰 돌 항아리를 놓을 공간만 있을 뿐이다.

난방 체계

평민이든 귀족이든 모든 한국 집에 공통적인 또 다른 특징은 독특한 난방 체계다. 겨울이 매우 추워서, 한국인은 지금껏 알려진 것 중에 가장 경제적이고도 편리한 난방 체계를 발전시켜야 했다. 아주 솔직히 말하면, 환기는 최악이지만 말이다. 방바닥은 평평하고 납작한 얇은 돌을 조심스럽게 맞붙여 회반죽에 깔아 만든다. 각 방에는 이 돌 밑에 수평의 연기 통로가 몇 개씩 있고, 이것은 안마당에 있는 아궁이가 큰 화덕에서 끝난다. 이 통로의 외부 끝은 연기를 수직의 굴뚝으로 보낸다. 부자는 각 방 밖의 화덕 각각에 별개의 불을 피울 수 있다. 그러나 더 가난한 사람들은 아주 절약하는 법을 배워, 밥 짓는 불 하나로 온 집을 따뜻하게 할 수 있다. 이때 통로는 연기로 그을음 진 부엌에서 끝난다. 부엌은 안마당에 있는 격리된 구석일 뿐이다. 그리고 화덕의 큰 아궁이에는 밥과 국을 하는 큰 가마솥을 놓는다. 이는 부뚜막과 난방 시설이 결합한 것이다. 흔한 연료는 언덕에서 구한 나뭇가지로, 열린 화덕의 이글대는 불꽃 속에 천천히 넣는다. 비결은 잎이나 나무토막을 하나하나 아주 천천히 넣어 불을 지펴, 그 위의 바닥을 태울 정도로 뜨겁지 않게, 딱 적당하게 데우는 동시에, 밥솥을 적당한 온도로 끓이는 것이다. 밥솥을 최소한의 연료로 끓이는 며느리는 마을 최고의 주부로 칭송받는다. 이는 사실 기온이 영하로 떨어지는 1월에는 예술이자 멋진 조절이지만, 찌는 듯한 7월에는 그리 좋지 않다!

많은 현대식 집의 난로에는 철 바구니나 연료받이가 있고 그 안에는 압축된 석탄 가루, 무연탄으로 된 달군 연탄이 있어 오랫동안 지속적으로 따뜻하게 탄다.

사람들의 집

방의 기준 크기는 '칸'으로 한 칸은 8×8평방피트다. 방의 크기는 2, 3, 또는 4칸일 수 있다. 그러나 너 가난한 사람들의 많은 방은 단지 1칸이다. 한국의 모든 집은 한 가지 일반적인 방식대로 짓되, 칸 수와 중간에 있는 안마당 수에서 차이가 난다. 안마당이 보이는 방의 한쪽 면에는 나무 바닥으로 된 길고 좁은 툇마루가 있다. 날씨가 따뜻할 때 집의 여자들은 환기가 잘 안 되는 방에서 나와 마루에서 쉰다. 그리고 많은 집안일을 마루와 안마당에서 한다.

가구

방은 침대, 의자, 탁자같이 불필요한 가구가 꽉 들어차 있지 않아 작아 보이지 않는다. 아주 반들반들한 마루에도 신발을 신고 올라가는 건 용서받을 수 없는 실례다. 신발은 계단에 벗어둬야 한다. 이는 모든 곳이 그렇듯이 바닥을 티 없이 깨끗하게 유지하는 데 큰 도움이 된다.

처음에 돌바닥에서 자는 것은 좋아 보이지 않을 수 있지만, 두툼하고 부드러운 요와 굽이치는 이불을 놓으면, 딱딱한 돌은 곧 따뜻하고 포근한 보금자리가 된다. 부잣집의 벽은 누빈 비단으로 완전히 싸인 경우가 많다. 이는 마나님을 위한 우아한 안식처다. 이런 사치스러운 집과, 빈민의 해충이 들끓는 흙벽과 지저분하고 악취 나는 안마당은 얼마나 대조적인지! 이런 양극단은 너무 놀라워서, 두 종류의 집이 종종 너무 가까이 붙어 있다는 것이 믿기지 않을 정도다!

보통의 한국 집에서 가장 흔한 가구는 놋쇠로 테를 두른 무거운 장롱과, 색칠하거나 수를 놓은 병풍이다. 장롱은 은과 자개로 아름답게 두르는 경우가 많다. 마루에는 귀중한 놋그릇이 있는 찬장이 있다. 한국의 놋쇠는 유명하고, 훌륭한 주부는 놋그릇을 닦아 순금 빛으로 반짝이게 유지하는 것에 큰 자부심을 느낀다. 서양인이 어느 집의 부를 은 접시와 금 접시로 판단하듯이, 한국인은 어느 집의 지위와 계층을 대개 놋그릇의 양과 아름다움으로 판단할 것이다. 밥그릇, 국그릇은 둥근 뚜껑이 딸려 있고, 다양한 종류의 케이크와 고기를 담는 큰 접시, 술잔, 크고 작은 갖가지 그릇도 있다.

음식

툇마루에는 밥상이 여러 개 높이 쌓여 있을 것이다. 상은 높이가 12인치밖에 안 되고, 지름이 1피트쯤 된다. 바닥에 앉아 먹으면 높은 탁자가 필요 없다. 식사 시간이면, 다리가 짧은 접시를 연상시키는 이 작은 상을 준비한다. 보통 한 사람에 한 상씩 차려, 방에 들고 들어가 손님 앞에 놓는다. 맛있는 알알의 밥에서 보락모락 김이 나고, 가장 맛좋은 냄새가 나는 상이 앞에 놓이면, 정말 큰 만족을 보장받았으니 실망하지 않을 것이다. 한국 음식은 아주 숙성된 음식이고, 한국에 갓 온 서양인은 거의 좋아하지 않는다. 그러나 몇 년간 머무른 서양인은 보통 한국 미식가를 위해 내는 감칠맛 있는 음식의 독특한 맛을 아주 좋아하게 된다. 한국인은 국민성에서처럼 음식에서도, 서쪽에 있는 이웃나라 위대한 중국의 이상을 따른다. 일상 음식은 어느 나라에서나 일상 음식이고, 예술가의 솜씨는 축제 때 느낄 수 있다. 촉촉한 꿩 가슴살부터 꿀을 섞은 놀라운 과자까지 한국의 다양한 축제 음식은 정말 훌륭하다.

그러나 먼저 보통 가정의 평범한 일상 음식을 살펴보자. 동양의 다른 나라에서처럼 쌀이 전국적인 주식이다. 그러나 한국 주부는 상상력과 재능을 발휘해, 밥이 잘 넘어가도록 '반찬'이라는 완전히 다른 종류의 음식을 만들었다. 헐버트는 밥이 "영국인에게 구운 쇠고기보다, 이탈리아인에게 마카로니보다, 아일랜드인에게 감자보다 더 한국인에게 중요하다"라고 말한다. 많은 이야기와 구전에서 쌀이 한반도에 들어온 것에 대해 쓰고 노래했다. 옛 전설 대부분은 쌀이 기원전 1120년쯤 중국에서 들어왔다는 데 동의하는 것 같다.

가난한 사람들의 밥인 기장은 그보다 여러 세기 전부터 재배했는데, 그 역사는 알 수 없다. 기장은 벼가 자라지 않는 시골 언덕에 잘 맞는다. 보리는 거의 곡물 식품으로 이용하고 모든 한국 아이가 참 좋아하는 다식을 만들 때도 쓴다. 또 다양한 콩과 완두콩이 있다. 유명한 '대두'는 영양가가 풍부하고, 간장의 원료다. 간장은 어두운 갈색의 워스터셔 소스 같은 것으로, 냄새가 인상적인 유명한 김치만큼 상하·빈부의 신분 차이를 막론하고 모든 사람이 정말 전국적으로 쓴다. 간장은 반찬을 양념하는 데 많이 쓴다. 주식인 쌀과 기장 그리고 빵이 아닌 모든 것은 '반찬'이다. 흰쌀이나 기장에는 몇몇 종류의 말린 완두콩과 콩을 종종 섞어 먹는다.

더 거친 다른 다양한 콩은 소와 말의 주식이다. 지나가면서 보면 한국 농부가 자기 말이나 소에게 줄 콩을 요리하는 것은 외국인에게 매우 기이한 광경이다. 자존심이 있는 가축이라면 요리하지 않은 마르고 딱딱한 콩을 먹지 않을 것이다. 농부는 콩을 끓여 건초나 짚 썬 것과 섞어, 가축이 아주 맛있게 먹어치우는 일종의 곤죽을 만들어야 한다.

밀은 북쪽 지방에서 점점 더 많이 재배하고 있고, 특히 일종의 베르미첼리 면 같은 '국수'를 만들 때 점점 더 많이 쓰고 있다. 귀리, 사탕수수, 아마는 아주 적은 양만 재배한다. 옛날에 국수는 한국에서 자란 훌륭한 메밀로 만들었다. 메밀국수는 너무 수요가 많아, 더 가난한 이들은 일반종의 밀로 만든 국수를 먹는다. 국수는 많은 축제 때 밥 대신 먹는다. 국수에 고기, 야채, 양념 고명을 얹

마을길.

모심기.

어 내면, 이탈리아인도 눈을 크게 뜨고 가장 좋아하는 파스타를 요리하는 새 방법을 배울 것이다. 그러나 주식이 쌀이든, 기장, 콩, 감자나 국수든, 이는 진정한 요리사의 예술적인 솜씨를 발휘하기 위한 배경일 뿐이다. 요리사는 감칠맛 있고 훌륭한 다양한 반찬이란 물감을 섞어 그림에 색을 낸다. 언제나 고추는 빠지지 않고, 김치와 함께 갖가지 견과류, 버섯, 시금치, 양파, 마늘, 다른 다양한 야채와 과일 같은 맛있는 음식이 나온다.

김치는 종종 반찬의 왕이라 부르고, 전국적인 절임 음식이다. 김치는 여름이나 겨울이나, 아침, 점심, 저녁, 매끼마다 나온다. 김치의 주재료는 배추나 양상추와 무다. 김치는 당장 먹게 한 해의 모든 시기에 만들지만, 가을에 채소를 많이 수확한 뒤, 겨울 내내 먹을 김치를 만든다. 엄청난 배추와 무 무더기, 즉 고춧가루, 생강 때문에 맵고 마늘 때문에 냄새 나는 이 찬양받는 소금에 절인 배추가 되길 기다리며 쌓여 있는 것은 멋진 광경이다. 김치는 새우, 건어, 견과류, 배 같은 진미를 넣어 아주 '맛있고' 비싸게 담글 수 있다.

외국인이 김치의 냄새를 극복하고 그 진정한 맛을 아는 데는 대개 오랜 시간이 걸린다. 그러나 한번 김치 맛을 알면, 타지에서 향수병에 걸린 한국인이 다른 어느 곳에도 없는 이 아삭아삭하고 톡 쏘는 맛있는 김치를 얼마나 먹고 싶어 하는지 쉽게 이해가 간다. 하지만 많은 외국인은 절대 김치의 맛을 알지 못하고, 김치에 대해 계속 심한 편견을 갖는다. 보통의 한국인이 우리의 치즈를 '썩은 우유'라고 부르며 싫어하듯이 말이다.

저녁상이요!

완벽하게 지은 알알의 흰쌀밥이 한 공기 수북히 잘 차려진 상이 나오면 방석을 더 가까이 당겨 앉아 젓가락을 잘 쥐어야 한다. 수북한 밥공기는 구운 쇠고기, 닭고기, 꿩고기, 생선, 그 외 고기 등이 가득 담긴 수많은 더 작은 그릇과 함께 나온다. 더 큰 그릇에는 아삭아삭한 김치가 가득하다. 또 다른 큰 뚜껑 있는 그릇엔 고기와 야채로 만든 맛난 국이 있다. 상의 모든 작은 공간은 다양한 소스가 담긴 작은 그릇으로 뒤덮여 있다. 그리고 진수성찬의 마지막을 장식하는 것은 맛좋은 과일과 견과류, 깨와 견과류로 더 맛나게 만든 다식이다. 진정한 맛을 음미하는 법을 배웠다면, 이 광경을 환영하고 어떤 왕에게도 맞는 진수성찬을 즐길 준비를 할 것이다. 젓가락은 계속해서 작은 그릇과 별미, 김치와 맛있는 야채 그릇으로 내려간다. 냠냠!

그러나 이렇게 엄청난 진수성찬만 얘기하고, 날마다 축제날이 아니란 말은 하지 않으면 옳지 않을 것이다. 가난한 집은 이런 날이 거의 없다. 온 한국에 가해진 경제적 압박은 농부에게 가장 심했다. 농부는 심하게 굶주렸다. 수천 가정이 기장과 콩을 먹는 것으로 만족했다. 많은 이는 흰쌀밥을 거의 먹어본 적이 없고, 더 가난한 수많은 집에서 쇠고기, 돼지고기, 닭고기, 과일처럼 사치스러운 음식은 꿈도 꾸지 않는다.

제 5 장
가정생활

지금은 빠른 변화, 급속한 발전과 번개 같은 적응의 시기다. 변화무쌍한 사회 질서 속에서 어제의 진실이 오늘의 진실은 아닐 수 있다. 오늘의 진실은 내일의 진실이 아닐지도 모른다. 이 변화하는 세상에서 가장 많이 바뀌고 있는 것은 여성의 위치다. 중세를 거쳐 정해진 여성의 엄격한 격리는 여성의 이상적 행실의 표현으로 구체화됐고, 공자의 세 가지 행동 원칙으로 요약됐다. 즉 '① 부모를 모시고, ② 가족을 돌보고, ③ 집안일을 한다'이다. 20년 전에 서울의 많은 상류층 여성은 자기 안마당 밖으로 거의 나가지 않았다. 그리고 나갈 때는 가마 속에 있거나 얼굴에 장옷을 꼭 여미고 보호자를 동반했다. 서양인은 이런 여성의 격리된 삶에 연민과 분노를 느끼는 경우가 많았다. 그러나 이런 격리를 필요로 하게 한 사회의 도덕적 상태를 비판하자. 어떤 상황에서 이런 격리는 축복이다.

옛 규칙이 빠르게 사라져가고 부계적 방식이 갑자기 폐지되자 너무 많은 경우 파멸과 도덕적 혼돈이 일어났다. 현재 한국은 지난 세대의 한국과 아주 다르다. 옷, 관습, 음식, 사고방식, 언어, 오락과 삶의 모든 영역에서 미묘한 변화가 있었고, 어떤 것은 더 낫게 바뀌었지만, 어떤 것은 더 나쁘게 바뀌었다.

걷거나, 가마나 당나귀를 타고 여행하는 옛 방식과, 전차, 버스, 자동차, 고속열차로 급히 왕래하는 것은 얼마나 다른가! 한국은 세계의 다른 나라들처럼 가정의 중심에 갖가지 편의를 가져온 현대식 발명품을 이용하고 있다. 그리고 이 커다란 차이는 여성의 삶과 관련된 것에서 가장 주목할 가치가 있다.

방문객들은 큰 중심지의 생활만 보고 서울이 곧 한국이 아니라 반대로 아주 시적인 파격임을 잊는 경우가 너무 많다. 서울은 활동적인 기운이 생동하는 멋진 헌대 도시로, 그 실명할 수 없는 무언가 때문에 모든 열렬한 한국 젊은이의 중심지다. 서울은 최고의 것과 최악의 것, 옛 한국과 그 관습에 관련된 것과 옛것을 대체하는 혁신 두 가지 모두를 갖고 있다.

이제는 한국 여성의 삶에 대해 20년 전에 쓴 책을 재미있어하며 읽게 된다. 관습이 너무 빨리 바뀌어서, 적어도 서울에서는 한 세대 안에서 중세에서 근대로 건너뛰었다. 하지만 '지방'은 어떤가? 한국어에서 "수도 밖의 모든 것은 '지방'에 있는 것이다." 오래된 관습이 여전히 새것과 나란히 번성하는 것을 볼 수 있다. 교육과 기독교적 이상은 이 나라 여성을 위해 많은 일을 했다. 엄격한 의미의 격리는 이제 인정받지 못한다. 그러나 수도 중심부에서도 옛것과 새것은 기묘하게 뒤섞여 있다.

옛 이상에 따르면 보통의 어머니는 남편에게 순종하고 자신을 희생한다. 어머니는 아마 어린아이였을 때, 가족에 의해 보호자가 고른 남자와 결혼했을 것이다. 그리고 아마 평생 학교에서 공부한 적이 없을 것이다. 아마 지금도 상류층 여성이라면, 사람 많은 거리에 대담하게 나오는 일은 거의 없을 것이다. 그러나 어머니는 자기 딸을 서울이 자랑하는 많은 훌륭한 여학교 중 하나에 기쁘게 보낸다. 딸은 아주 자유롭게 아무도 전혀 의식하지 않고 다른 어느 나라 여학생처럼 당황하지 않고 행복하게 학교를 다닌다. 새 세대의 이 어린 숙녀는 자기 반려자를 선택하는 데 자신이 관여할 권리에 대해 자신만의 생각을 갖고 있다. 그리고 대개 부모는 현대적이고 독립적인 딸을 상당히 자랑스러워한다. 부모는 분명 '그 문제에 대해 뭔가 할 말'도 있지만 문제를 결정짓는 최종 발언은 전혀 아니다.

헐버트 씨는 1906년에 출판한 『대한제국멸망사』(353쪽)에서, 오늘날 서울 거리를 걸을 때 보이는 것과 아주 다른 모습을 묘사한다! 헐버트 씨는 이렇게 말한다. "오후에 서울 거리를 걸으면, 여성 수백 명이 머리쓰개 없이 걸어 다니는 것이 보일 것이다. 이들은 대개 노비다. 때때로 기생이 얼굴을 가리지 않은 채, 조랑말이나 뚜껑 없는 가마에 앉아 있는 것이 보일 것이다. 그리고 혼례 행렬이 지나가면, 많은 여자가 얼굴을 가리지 않고 머리 위에 엄청난 머리카락을 올린 채, 신부의 '가재도구'가 든 화려하게 장식한 상자를 들고 가는 것을 볼 수 있다. 이들 여성은 모두 하류층이다. …… 부유층이나 중류층 여성은 거리를 걸어 다니지 않는다. 장옷으로 얼굴을 조심스럽게 가린다면 거리를 다니는 것이 허용되긴 하지만 말이다." 정말 새날이 밝았다!

신여성

이제 많은 직업이 여성에게 열리고 있다. 최고의 가게들에서는 밝은 표정의 젊은 여자 직원이 유능하고 친절하게 손님을 맞는다.

여성 전화 교환수는 바로 도움을 준다. 서울 거리를 지나는 낡은 버스의 안내원은 한국 여자다. 이들은 좀 건방지고, 자신이 새 한국의 현대적 산물임을 매우 의식한다. 병원에서는 최신식 의사와 간호사들이 있고 이들은 유능하고 아주 전문가답게 어려운 임무를 수행한다. 그리하여 모든 계급에서 한국은 여성에게 문을 여는 데 느리지 않았음을 알게 될 것이다. 자연히 이런 크고 갑작스러운 변화에는 많은 고통이 따랐다. 왜냐하면 실수, 엄청난 타락, 이성을 잃거나 가슴 아픈 일이 셀 수 없었기 때문이다. 영화관은 분명 서구의 삶을 왜곡하고 거짓으로 묘사하는 데 앞장섰고 한국인은 영화 속의 먼 곳에서 본 자유를 갈망했다. 선정적인 신문과 싸구려 소설은 성생활에 대한 가장 상스럽고 외설적인 이야기로 넘쳐나고, 그것이 유럽과 미국의 현대 젊은이들의 관습을 사실대로 묘사한 것이라고 주장한다.

멋져 보이는 새 관습 중 뭐가 좋고 나쁜지 모르는 구식 부모는 자식들이 최신식이 되길 바라며 모든 제약을 없애, 젊은이들이 자기 마음대로 하게 두는 경향이 너무 심하다. 이는 너무 자주 비극으로, 희망을 꺾고 삶의 파멸로 이끈다. 밝고 따뜻하며 아름다운 불빛이 태우고 화상 입힐 수도 있음을 너무 늦게 깨닫는 것이다.

모든 곳에서 오래된 사회악은 추한 형태를 만들지만, 너무 갑작스러운 변화로 피 끓는 젊은이들을 준비되지 않은 위치로 몰면 자연히 무시무시한 비극이 일어날 수 있다.

이 관습 간의 충돌 속에서 열정에 불을 더 붙이는 한 가지 요인은 아내가 있는데 새로 아내를 들이는 것이다. 구체제에는 가정을 보호하기 위한 법은 있지만 이혼이 흔하다. 첫 번째 아내는 법적으로 인정받는 유일한 아내이고, 동등한 지위와 영향력이 있는 가문 출신이어야 하기 때문에 대개 강력한 친척과 친구들이 있다. 그리고 남편은 첫 번째 아내의 신중히 정해진 권리를 인정하는 데 주의를 기울인다. 그러나 중·하류 계급에서 아내는 이렇게 안전하게 중요한 위치가 아니다. 태곳적부터 남편은 어떤 인정받는 이유가 있으면 아내를 장인어른 댁으로 보낼 수 있었다. 아내가 아들을 못 낳거나, 부정하거나, 게으르거나, 도둑질을 하거나, 가족의 조상에게 주의를 기울이지 않으면, 남편은 이혼할 수 있다. 그러나 가난한 사람과 하류 계급은 이런 비싼 정식 절차를 상관하지 않는다. 이들에게 결혼은 다소 일시적인 상호 합의일 뿐이고 부정행위가 자주 있다. 그래서 가정에서 여성의 위치를 알려고 하는 이는 진짜 상황을 알 수 없다고 확신하고, 절망하며 포기한다.

해마다 점점 더 많은 매력적인 젊은 신여성이 잘 교육받고 학교를 나온다. 이들 중 분명 상당한 수가 잘 정돈된 기독교 가정이 어때야 하는지에 대해, 고귀한 이상과 진정한 미래상을 갖고 있다. 이들 젊은이가 새 한국의 희망이다. 그러나 어떤 여자는 충분히 강인하지 못하고 안락하고 사치스러운 삶의 유혹을 이기지 못해 부자의 첩이 되기도 한다. 이 새 세대는 한국의 옛것과 새것 사이의 연결점이다. 옛 관습 하에서 간섭하는 지배와 격리시키는 벽은 여성이 자기 자신과, 자신의 감정을 만나는 것도 막았다.

어렸을 때 아버지가 택한 여자와 결혼한 젊은 남자는 이제 막 성년이 되어 성공적인 사업이나 전문직을 시작하고 있다. 이 남자는 교육받았고, 어쩌면 일본이나 영국, 미국에 갔다 왔을 것이다. 불쌍한 아내는 남편처럼 공부하고 여행하는 혜택을 받지 못했다. 아내는 어린 자식들을 키우고, 집안을 돌보고, 좋은 며느리가 되는 데 힘과 시간을 쏟았다. 젊은 남편의 동생은 매력적인 젊은 여학생일 것이다. 며느리가 집안일을 했기에 딸은 공부할 시간이 있었다. 남편이 더 나은 생활방식을 생각하고 집에 왔는데 무지하고 무능한 아내가 모든 것에서 방해하는 걸 보면, 남편이 너무 측은할 뿐이다. 남편은 아내를 동반하면 친구들 앞에서 망신을 당한다. 남편의 여동생 친구들 중에는 분명 충분히 현대적이라 남편의 관심을 끄는 검은 눈의 미인이 있다. 그럼 비극이 일어날 것이다.

남편이 가난하고 또 다른 가정을 부양할 충분한 재력이 없으면,

대개 첫 번째 아내를 '내쫓을' 충분한 이유를 찾아낼 수 있다. 남편은 재력이 있으면 계속 두 가정을 부양하고, 아마 시간이 지나면서 계속 또 다른 가정을 꾸릴 것이다. 첩을 두는 것은 인간의 정열만큼 오래되었다. 한국에서는 역사가 시작될 때부터 필요악으로 첩을 두었다. 사람들은 첩을 두는 것의 치명적인 결과를 알고 비난하지만, 다른 나라에서처럼 여기서도 돈과 시간은 너무 큰 유혹을 제공해 인간의 마음은 이를 극복하지 못한다. 이상하게 보일지 모르지만 여러 명의 아내는 종종 완벽한 사랑과 조화 속에서 같이 사는 것 같다. 이들은 서로를 언니 동생으로 부르며, 대강 보는 이에게는 자신들의 운명에 꽤 만족하는 것처럼 보인다. 그러다 아마 예고 없이, 삶이 너무 복잡하고 고통스러워 견딜 수 없어졌을 때, 강물에 뛰어들거나 독극물을 먹거나 다른 방법으로 끔찍하게 죽었다는 이야기가 쉬쉬하며 도는 일이 일어난다. 여자의 사랑과 자존심은 이해하기 어렵다. 서양 여자는 남편이 다른 사람을 사랑하는 것을 알면 최선을 다해 진짜 감정을 숨기고 이렇게 말할 것이다. "당연히 이혼해요. 나도 그걸 원하니까!" 서양 여자는 가슴은 찢어지더라도 자존심 때문에 영원히 인정하지 않을 것이다. 그렇기에 비슷한 상황에서 한국 아내의 반응은 본질은 비슷하겠지만 아주 다른 식으로 나타난다. 동양 여자는 이렇게 말한다. "그럼요. 당신이 원하니까, 난 우리 집에서 첩과 함께 기쁘게 살겠어요." 그러나 이 여자는 분명히 마음고생을 한다. 이는 이 여자가 이 큰 불운을 막을 수 없다는 뜻일 뿐이다.

성매매

첩을 두는 오래된 관습은 많이 비판받지만 장점이 하나 있다. 축첩은 그 모든 잘못에도 불구하고 허가받은 성매매라는 흉악한 체제보다는 훨씬 나았다. 성매매는 일본에서 이 나라로 들어왔다. 일본의 점령으로 이 나라에 들어온 철도, 전보, 영리 기업, 법과 질서같이 좋은 것에 대해 말하려면, 많은 사람이 볼 때 일본에서 들어온 '요시와라'[18]라는 한 가지 엄청난 악 때문에 다른 모든 것이 무색해졌음도 인정해야 한다. 옛 체제에서 한국의 귀족 남자는 재력이 받쳐주는 한 얼마든지 많은 첩을 둘 수 있었다. 그러나 남자는 이들을 부양하고 보호할 책임이 있었다. 그리고 보통 그 남자 집의 여자들은 아무리 적더라도 어느 정도의 가정생활을 했고, 아내와 어머니로서 사는 것은 아무리 그 여자의 운명을 제한하더라도 첩의 예정된 위치였다. 반면 매춘굴에 사는 여자들은 말 그

---

18 에도시대 에도(현재의 도쿄)에 있던 유곽 지역.(역자 주)

대로 노예로, 가장 끔찍하고 역겨운 법에 묶인 사람들이다. 근래에 서구의 위스키의 힘을 빌려 수치를 모르는 방탕이 있었다. 그리고 그 후에는 죽거나 다친 사람이 많았다. 왜냐하면 이런 여자들의 삶은 매우 짧기 때문이고, 평균 4년의 성매매 뒤에 죽음은 자비로운 구원으로 다가온다. 일본인 가운데 생각이 올바른 이들은 이 병에 맞서 싸우고 진심으로 이를 부끄러워한다. 한국에서도 이를 문제로 제기하는 이가 있다. 신이시여, 어서 성매매가 이 나라에서 허용되지 않게 해주소서!

춤추는 여자인 '기생'은 하나의 계층으로서 일본의 게이샤와 비슷하고, 성매매 여성과 매우 다른 위치에 있다. 옛날에 기생은 왕실의 보호를 받았다. 사실 이 직업은 원래 궁정의 오락을 위한 것이었다. 기생의 성격이 늘 나쁜 것은 아니다. 많은 이야기에서 기생은 선하고 애국심이 있다. 그러나 다른 여자들이 집에서 보호받으며 격리돼 은거하며 살던 시대에 기생의 자유로운 삶은 수치스러운 삶을 뜻했음을 이해할 수 있다. 오늘날도 가난한 남자는 딸을 기생으로 파는 경우가 많다. 여자아이는 아주 어린 8살이나 10살 때 기생학교에 들어가, 음악, 글 읽는 법, 춤, 매혹시키는 기술을 꼼꼼히 배운다. 기생은 보통 여자보다 훨씬 더 기예에 뛰어나기에 남자들은 연회 때 기생을 많이 원한다. 남자들은 기생을 아주 똑똑

한 이야기 상대라고 생각하고, 기생은 모든 제약에서 벗어나 있으므로, 당황스러운 정숙함 없이 남자들과 자유롭게 어울린다. 반면, 옛 한국의 숙녀들은 자신의 직계가족인 남자들만 만날 수 있고 사회생활을 거의 하지 못하며 교양이 전혀 없다. 기생은 보통 우아한 아름다움으로 뽑히고, 하나의 계층으로서 나라에서 가장 아름다운 여자들이라고 여겨진다. 가장 뛰어난 기생은 평양 출신이 많은데, 평양은 상당한 중심지이고 기생을 훈련하는 큰 양성소가 있다.

가족이라는 주제와 함께 기생에 대해 이야기하는 것이 이상해 보일지 모르지만, 사실 이는 많은 가정에서 아주 밀접한 관련이 있고 가슴 아픈 문제다. 상류층 남자가 이런 총명하고 아름다운 여자에게 빠져 첩으로 삼고, 첫 번째 아내, 즉 합법적 아내보다 첩에게 애정을 쏟는 경우가 흔하다. 이런 결혼은 보통 연애결혼이고 한국에서 가장 똑똑하고 강력한 남자들 중 일부는 이런 관계에서 태어났다고 한다. 소외된 아내는 이렇게 전에 기생이었던 첩 때문에 엄청난 가슴앓이를 한다. 아내는 아마도 젊은 남편이 어릴 때 남편의 부모가 결혼시켰을 것이고, 남편은 매력적인 첩에게 느끼는 열정을 아내에게는 한 번도 느끼지 않았을 것이다.

한국의 속설에는 이런 애정 관계 때문에 귀족 가문에서 일어난 갈등에 대한 이야기가 많다. 많은 이야기에서 젊은 귀족 남자는 기생에게 평생 열렬히 헌신하나, 그 기생은 남자의 두 번째 아내가 되지 못할 운명이다.

기생의 어떤 춤은 아주 아름답다. 아주 유명한 춤으로 '연꽃춤', '칼춤', '용춤' 등이 있다. 이런 춤은 옛날에 축제나 축하 행사 때 궁에서 왕족 앞에서만 공연했다. 무용수들은 인상적인 색의 폭이 넓은 옷을 입는다. 화려한 색의 긴 소매는 손 훨씬 아래까지 내려오고 어떤 때는 거의 바닥까지 닿는다. 무용수는 발레화도 신지 않은 채 버선만 신고 공연하므로 아주 가볍고 우아하게 움직인다. 움직임은 아주 느리고, 칼춤만 예외로 아주 빠르다. 칼춤에서는 무용수가 빙빙 돌면서 음악이 빨라지고 칼을 이리저리 번쩍인다. 이때 무용수는 칼날을 너무 민첩하게 움직여 관객은 칼날이 무용수의 목을 지나갔을 것만 같이 느낀다.

「제비 왕의 보답」이라는 아름다운 설화에서, 부정한 형은 다친 제비를 잔인하게 대해 열 가지 저주를 받는다. 여기서 기생은 무당과 함께 나라에 내린 열 가지 저주 중 하나로 나타난다. 분명 많은 외로운 아내와 수많은 아버지는 기생을 저주로 여기나. 아버지는 아들이 방종하게 사느라 재산을 낭비하는 것에 한탄하지만, 아마 자기도 젊었을 땐 그랬을 것이다.

해밀턴은 서울에 왔을 때 본 공연을 아주 멋지게 묘사한다.

"이 춤은 인간의 움직임 속의 우아한 시의 전형이다. 공연자들의 우아한 태도는 부드럽고 섬세해 멋졌다. 긴 비단 옷은 아주 우아한 태도를 드러냈고, 무용수들은 알몸이 아니라 부끄러움 없이 머리부터 발끝까지 옷을 입고 있었는데, 관객은 이들을 매우 안도하고 만족하며 보았다. 무용수의 움직임에는 힘과 목적이 있었고 자세는 예술적으로 미묘했다. 휘날리는 옷은 이들의 단순한 움직임을 강조했다. 무용수들은 창백한 얼굴을 가리지 않았고 시선은 수줍었으며 태도는 기품 있었다. 신기한 악기들의 이상하고 무시무시한 음, 오르내리는 노랫가락, 무용수의 미끄러지는 움직임, 눈부시게 빛나는 비단 옷, 선명한 색의 치마, 얇게 비치는 웃옷 아래의 상기된 속살에 관객은 명백히 이끌렸고, 억누를 수 없는 정열이 일었다."[19, 20]

게일 박사는 이렇게 말한다. "한국 생활에서 눈에 띄는 특징은 기생이다. 기생은 거리에서 볼 수 있는데, 새처럼 초록, 분홍, 노란색 옷을 화려하게 입고 있다. 즉 무지개의 모든 색깔로 된 옷을 입

19 H. N. 앨런 박사, 『한국 보고』, III권, 386쪽.

20 앵거스 해밀턴, 『한국』, 5-52쪽.

고 옷 가장자리는 흰담비 털로 돼 있다. 이는 볼 만한 그림으로, 서양의 시각에선 그리 예쁘지 않지만 눈에 확 띈다. 기생은 최신식 공기 타이어가 달린 최고의 인력거를 타고 여왕처럼 고개를 들고 다닌다. 외국인이 보기에 춤과 노래 솜씨만이 아니라 몸도 파는 여자는 얼굴을 가리고 숨겨진 모퉁이에서만 남의 눈을 피해 다니거나 어두울 때 여기저기 숨어 다녀야 할 것이다. 그러나 기생은 그렇지 않다. 기생은 깡충깡충 뛰는 새처럼 태평하다. 기생의 편안한 마음에 그림자라곤 없다. 기생은 자신이 부름 받아 행하는 역할에 행복하고, 동양이 상류 사회라고 부르는 것에서 자신이 아주 중요한 부분이라고 느낀다. 남아 있는 책과 문서에서 기생의 기원을 요약하면, 기생은 천 년 전부터 있었다. 그리고 아마 기원을 따진다면 기생의 조상들이 살았던 시대에 최고의 가문 출신일 것이다."[21]

기생이 고귀한 행동을 한 이야기가 많이 전해온다. 한 유명한 기생은 먼 남쪽의 진주 출신이었다. 히데요시는 한국을 침략해 마침내 진주가 몰락할 때까지 밀어붙였다. 진주에서 가장 유명한 기생이자 자존심 강한 미인인 논개는 정복자들이 곧 그 도시를 점령

21 J. S. 게일 박사, 『한국인의 역사』, XXXII장.

해 모두 이들의 지배하에 처할 것임을 깨달았다. 논개는 가장 화려한 옷을 입고 결혼식의 신부처럼 꾸민 채, 깊은 강이 내려다보이는 높은 절벽으로 운명을 맞으러 갔다. 논개는 거기 서서 승리감에 부푼 군인들이 오길 기다렸다. 무관들은 승리에 의기양양해 왔는데, 모두 이 여자의 놀라운 아름다움과 확고한 차분함에 매혹되었다. 한 남자가 용기를 내 최대한 가까이 왔지만 아래의 위험한 절벽을 보고 물러섰다. 코니시라는 더 용감한 자가 논개에게 다가왔다. 논개는 환영하는 미소로 맞았으나, 갑자기 코니시에게 달려들어 꼭 잡고, 호랑이같이 벼랑에서 뛰어내려 죽음을 맞아 영원히 이름을 날렸다. 오늘날 그곳엔 '충실한 여자들의 바위, 의양암'[22]이라는 문구가 적혀 있다. 그리고 그 밑에는 이런 말이 새겨져 있다. "끊임없이 흐르는 강물이 영원하듯, 논개의 충절의 기억도 바래지 않기를."[23]

기생의 매혹적인 아름다움은 연애 이야기와 노래의 소재가 된다. 부유하고 유명한 남자들은 기생을 매우 사랑하고, 기생은 충실한 아내이자 애정 넘치는 어머니가 된다. 즉 미천하고 부끄러운 예

---

22 현재 '의암'이라고 부름.(역자 주)
23 게일 박사, 『한국인의 역사』, ⅩⅩⅩⅡ장.

전의 위치에서 유명하고 부유한 남자에게 사랑받는 아내로서 가장 중요한 위치에 오른다. 기생은 조국의 적이자 침략자에게 수치를 당하느니 차라리 서까래에 목을 매거나 서해안의 거친 바다로 뛰어든다. 수많은 이야기가 기생이 어떻게 궁에 들어와, 왕실의 예인이라는 낮은 위치에서, 아들이 왕이 돼 왕좌에 앉고, 자신이 왕좌 뒤의 실권자로서 지위를 유지할 만큼 힘 있고 높은 위치에 오르는지에 대해 얘기한다. 그리하여 방탕한 기생은 과거의 기억 속에서 소중히 간직되고, 기생의 미덕은 미화되고, 기생의 추한 삶은 잊혀진다.

전원생활

한국은 거의 시골인 나라다. 수도인 서울은 '도시'고 다른 모든 곳은 '지방'이라고 부른다. 서울은 관례와 다른 곳이고 여러 면에서 한국의 다른 곳과 다르다. 사실 서울 밖에는 큰 도시가 거의 없고, 최근까지 인구가 5만 명인 왕씨 왕조의 크고 오래된 도시인 송도보다 큰 도시는 없었다. 수세기 동안, 집에서 이어온 것 외에는 제조업이 거의 없었다. 고운 아마천과 비단부터 깔개, 신발, 밀짚모자까지, 집에서 필요한 모든 것은 집의 여자들이 만들었다. 그리고 잘 경작한 밭에서 필요한 곡물과 과일을 얻었다. 심지어 조잡한 농

기구도 집에서 만들거나, 이웃에게 받아 생산물과 교환했다. 오늘날 도시에는 여기저기서 공장이 생겨나, 사회·경제적 문제가 되고 있다.

어떤 나라에서 농장과 농가는 각각 다른 농장과 농가와 독립돼 떨어진 개체로서, 전원생활의 단위를 형성한다고 할 수 있다. 그러나 한국은 그렇지 않다. 한국인은 멀고 외딴 외로운 농가에서 살지 않는다. 강도와 야생동물에서 안전하려면 더 큰 집단으로 모이는 것이 필요했기에 마을이 한국인의 생활 단위가 되었다. 농부의 논밭이 집에서 꽤 먼 경우도 종종 있다.

마을의 크기는 흙집이 모인 작은 집단부터 천 가구 이상의 집이 모인 큰 집단까지 다양하다. 그러나 모든 마을은 똑같이 일반적인 계획에 따라, 또는 계획 없이 생긴다. 어린아이가 장난감 블록을 몇 개 쥐었다가 바닥에 그냥 뿌려도, 옛 방식의 한국 마을만큼의 계획은 있을 것이다. 어떤 두 집도 같은 방향을 바라보는 법이 없고, 이웃집 뒤뜰이 어떤 방향을 향할지 신경 쓰지 않는 것 같다.

마을에 있는 하나의 거리는 보통 문을 지나면 이미 구불구불한 시골길이나 소가 닦아 놓은 길이다. 더 큰 도시의 경우는 예외로, 뒷골목이 몇 개 있을 수 있다. 마을의 거리나 뒷골목은 아름답지 않다고 말할 수밖에 없다. 뒤뜰이어야 할 것이 늘 앞뜰이고 돼

지우리와 헛간이 바로 입구의 길가에 있기 때문이다.

정말 마을의 보통 집은 거의 흙으로 지었다고 할 수 있다. 난방 체계는 도시 귀족의 집과 동일한 일반적인 체계이며, 똑같은 온돌을 여기서도 볼 수 있다. 그러나 집의 구조와 완성한 모습은 아주 다르다. 작고 둥근 서까래, 그리고 네 귀퉁이의 기둥이 낮은 초가지붕을 받친다. 벽은 먼저 나무토막들을 볏짚으로 만든 밧줄로 묶은 것으로 뼈대를 세워 만든다. 이 위에 붉은 흙을 두텁게 발라, 두께가 2인치쯤 될 때까지 칠한다. 장마철에 억수 같은 비가 한꺼번에 며칠 동안 이 약한 구조물을 두들기면, 보호하는 초가지붕이 두터운 새것이 아니면, 말 그대로 집이 녹아내리는 일이 흔하다. 바닥의 평평한 돌도 흙으로 덮어야 한다. 이 흙은 온기를 분배하는 절연재의 역할을 하고 연기가 돌과 돌 사이로 올라오는 것을 막기도 한다.

돈이 있는 사람은 흙벽에 뽕나무 잎으로 만든 두껍고 훌륭한 종이를 바른다. 그리고 완성한 바닥에 기름 먹인 종이 두세 겹을 바른다. 그러면 바닥은 온기가 올라오며 계속 닦여, 곧 어떤 목재와도 맞먹을 아름답고 선명한 색으로 변한다. 그러나 분명히 시골집 대다수는 이런 사치를 감당할 수 없다. 그래서 있는 그대로의 거친 흙벽을 보는 경우가 흔하나, 아주 가난한 이도 보통 바닥에

거적은 깐다. 도시의 저택처럼 여기서도 요리는 오두막에서 한다. 오두막에는 화덕이 있고, 화덕은 바닥 아래의 공기 통로로 통하는 입구에 있다. 큰 가마솥은 더 많은 흙으로 단단히 받친다. 한번이라도 이런 집을 고쳐본 사람은 누구라도 흙이 얼마나 계속 닳는지 안다. 계속 길어 다니니 바닥의 흙이 닳는 것이다. 그리고 연기와 가스가 들어오면, 정말 위험하고 가스중독의 원인이 되는 경우가 많다. 또 모래나 석회 없이 만든 회반죽은 계속 제자리에서 떨어져 나온다. 그래서 장마철에 녹아내리는 벽과, 한 해 내내 느슨한 온돌 때문에, 보통의 집은 몇 년마다 조금씩 손봐야 한다.[24]

빈부귀천에 상관없이 도시 귀족이든 시골 농부든 한국에서 가족은 개인보다 훨씬 더 중요하다. 일족은 복잡하고 한국의 일족 관계를 이해하는 외국인은 거의 없다. 아버지가 가장이고 그 다음으로는 장남이 가장 높은 위치다. 아들이 여러 명 있을 것이고, 각 아들은 아내가 한 명이나 그 이상 있을 수 있다. 아들은 분가하는 대신 아내를 아버지 집으로 데려오므로, 종종 서너 세대가 같은 집에 살기도 한다. 그런데 이런 집이 늘 크지는 않다. 바닥에서 자고 가구가 거의 필요 없으므로, 얼마나 많은 사람이 조그만 방 하

---

24 무즈, 『한국의 마을 생활』, 66쪽.

나에 들어갈 수 있는지 보면 놀랍다.

　도움이 필요하면 모두가 아버지나 맏형에게 기댄다. 이 가부장제는 이 나라의 경제적 저주 중 하나다. '8촌'에 속하면 누구든지 와서 가족 안에서 살 수 있다. 부유한 남자가 가난한 친척들과 나누는 건 보기 좋다. 그러나 어떤 남자가 힘들게 일하고 절약해 좀 성공했는데, 게으른 친척들이 그 남자의 조금 있는 재산을 게걸스럽게 다 삼켜버린다면, 가장도 게으르다는 소리를 들을망정 쉽게 살기로 작정하는 걸 이해할 수 있다. 서울에 사는 한 남자는 선생으로서 자신과 직계가족을 부양하기에 충분한 월급을 받았는데, 고용주에게 가서 이렇게 말했다. "어, 일 그만두고 시골에 가서 살려고요." 남자는 지금까지 일에 만족해 왔고, 남자의 친구는 그를 잃고 싶지 않아서 더 자세히 물어보았다. 그랬더니 사촌 여러 명과 형제 한 명이 남자의 재산이 넉넉하다는 걸 알고, 그의 집에 와서 산다는 것이었다. 남자는 이렇게 말했다. "그러니까 내가 이렇게 일할 필요가 뭐 있어? 시골 삼촌네 가서 살면 돈 한 푼 안 드는데." 그리하여 마을의 가족은 보통 대가족이고, 아기들이 문 가까이 바글바글하는데 모두 행복하고 만족해 보인다.

　우물은 모든 마을 여자의 사회적 중심지다. 집에서 쓸 물을 길어오는 것은 여자나 소녀들에게 떨어지는 일 중 하나다. 야곱의 우물처럼 물을 길을 아무것도 없고, 각 여자는 짚으로 만든 밧줄과 두레박을 손에 들고, 머리 높이 큰 흙단지를 이고 간다. 우물은 공동의 만남의 장소로, 여자는 자기 차례를 기다리면서 잡담을 하고 친구들과 재미나게 수다를 떤다. 우물은 보통 그리 깊지 않고, 너무 얕은 경우가 많아 수면을 만질 수 있을 정도다. 가까이에 흐르는 물이 있는 시내가 없다면 우물은 마을의 빨래터이기도 하다. 여기서 평평한 돌에다 옷을 두들겨 눈처럼 하얗게 빤다. 통이나 빨래판, 세탁기나 탈수기는 없고, 옷을 넓고 무거운 방망이로 두들기며 물을 붓는다. 더러운 물은 우물로 되돌아갈 가능성이 높다. 그 물을 덜 볼수록 더 잘 마실 것이다. 마을이 운이 좋아서 시내 가까이에 있다면 우물이 아예 없을지도 모른다. 여자들은 동시에 같은 물에서 옷을 빨고, 채소를 씻고, 물을 긷는다. 수세기 전에 한국인은 어떤 불분명한 이유로 찬물을 마시면 아프다는 걸 알았기에, 뜨거운 물만 마신다. 그래서 몇몇 치명적인 세균을 피한다.

제 6 장
어린이의 생활

  어린이는 주로 놀고 재미있게 지내는 것이 당연하게 여겨진다. 학교에 다녀도 심하게 공부하는 게 아니라, 한국 어린이는 놀이라는 중요한 일을 할 시간이 있다. 그리고 한국 어린이는 잘 논다. 아이들은 몇 명씩 모여 언덕을 온통 뛰어 다니며 한민족만큼이나 오래된 놀이를 하는데, 큰 도구를 살 필요가 없는 놀이들이다. 막대기 몇 개와 조그마한 돌 몇 개만 있으면, 하루 종일 돌차기 놀이나 동선 던지기를 하며 즐겁게 논다. 여자아이는 남자아이들과 놀지 못하게 돼 있지만, 사실 형제나 친구들과 함께 논다. 여자아이들은 남자아이들만큼 열정적으로 놀이를 즐길 뿐만 아니라, 종종 재미

있는 놀이의 대장이다.

여자아이? 아, 그렇다. 한국 가정에서는 애지중지하는 아들만큼 딸을 아주 원하지 않는다. 7명이라는 완벽한 숫자의 아들이 있는 어머니는 가장 축복받은 여자다. 그러나 한국인들은 아들을 더 원하는 이유가 아들은 가족 곁에 남기 때문이라고 말할 것이다. 아들은 결혼하면 아내를 자기 집에 데려올 거라는 기대를 받는다. 그리고 며느리는 시어머니의 지시 하에 모든 일을 돕는다. 며느리는 가사 노예처럼 되는 경우가 너무 많다. 각 아들은 분가하는 게 아니라 차례로 아내를 집안으로 데려온다. 즉 동양의 모든 나라에서 두드러지는 오래된 관습을 따르는 것이다. 그러나 딸은 가족에게 오래 속하지 않을 것이다. 딸은 다른 일족에게 일찍 시집간다. 그래서 딸은 많이 사랑받을 순 있지만, 늘 미래의 남편의 가족에게 속한다고 여겨진다. 그리고 교육이나 애정 면에서 딸에게 들이는 것은 무엇이든 남들에게 주는 선물일 뿐이다. 이 때문에 아주 어릴 때 결혼시키는 것을 장려하지 않는 오늘날도, 여전히 어릴 때 아이들을 약혼시키는 것이 관습이다. 약혼자의 아버지가 며느리가 될 어린 소녀에게 필요하다 싶은 교육을 책임진다. 가장 중요한 건 미래의 인척들을 기쁘게 하는 것이다. 한국의 소녀는 아주 일찍 이 교훈을 배우고, 그에 따라 행동한다.

서양 아이들은 정말 즐거운 명절을 열렬히 기다린다. 그리고 확실히 크리스마스가 아이들에게 가장 소중한 명절이다. 한국에는 아이들이 너무나 즐거운 축제날이 꽤 많다. 물론 생일은 늘 큰 행사다. 첫 번째 생일과 61번째 생일은 특히 그렇다. 아이는 너무 어려서 자신의 첫 번째 생일을 성대히 축하하는 의미를 잘 모르겠지만, 늘 친구와 친척들이 와서 엄청난 잔치와 재미를 함께 나눈다. 가족이 부담할 수 있는 한 최고로 좋고 비싼, 아마 너무 비싼 고급 떡, 과자, 가장 멋진 색의 다양한 과일이 커다란 피라미드 모양으로 쌓여 있는 것은 이웃 아이들에게 말할 수 없이 맛있는 걸 뜻한다. 우리의 주인공은 온통 좋은 새 옷을 입고 가운데에 앉는다. 이때가 큰 '결정' 의식을 해, 아기가 자기 미래의 직업을 선택하는 때다. 아기 앞에는 아기가 잡을 수 있는 거리를 두고 여러 개의 멋진 물건이 놓여 있다. 그리고 아기가 고르는 것은 아기가 어떤 일을 하며 어떻게 살지, 아기가 자기 선택에 맞게 어떤 훈련을 받아야 할지를 나타낸다! 학자를 위한 붓, 농부를 위한 괭이, 목수를 위한 대패와, 부모가 마음 내키는 무엇이든, 어쩌면 20-30가지 물건이 있을 것이다. 오동통한 손이 안락함 대신 노고를 가져올 것을 처음으로 집는다면 이 무슨 불행일까!

　　한 해 중 가장 큰 명절인 설날은 가장 많은 사람에게 가장 기쁜

날이다. 음력 1월 1일은 보통 1월 말이나 2월 초다. 이날까지는 모든 빚을 갚고 모두 삶에서 새 출발을 해야 한다.

이날은 전국적인 빨래 날이기도 하다. 모든 식구가 머리부터 발끝까지 새롭고 깨끗하게, 완전히 하얀 옷을 입지 않는 가족은 정말 가난한 것이다. 옛 한국의 사람들이 새해의 깨끗하고 새로운 입구로 들어가려고 계획한 의식은 다양하다. 설날이 지나고 거리와 뒷골목에는 짚으로 만든 희한하게 생긴 작은 인형들이 있다. 이 인형은 '희생양'이다. 또는 '희생 인형'이라고 해야 할지도 모르겠다. 이 인형은 인형을 버린 사람의 죄와 불운을 갖고 갈 것이기 때문이다. 짚 안 어딘가에는 구리 동전이 숨겨져 있다. 늘 현재의 부족함 때문에 너무 고통스러워서, 그 안의 돈을 가질 수만 있다면 다른 사람에게 다가올 불운을 짊어질 위험을 감수하는 불행한 사람, 즉 거지들이 그 인형을 갖는다.

설날 떡은 좋은 하얀 쌀가루로 맛나게 만든다. 떡은 이 시기에 먹는 보편적인 음식이다. 떡을 만들려면 엄청난 수고가 든다. 쌀을 손수 무거운 맷돌에 돌려 갈고, 길고 어려운 과정을 거쳐 쪄낸 뒤, 아주 뜨거운 상태로 돌판 위에 꺼내, 매끈하고 말랑말랑해질 때까지 무거운 방망이로 쳐야 하기 때문이다. 그러면 진한 쇠고기 국물에 넣을 맛있는 떡이 준비된다. 이 떡국이 설날의 주식이다.

한국 어린이는 5월의 축제날을 잊을 수 없을 것이다. 이날은 5월제라고 할 수 있고, 때때로 그네 뛰는 날이라고 부른다. 이 좋은 날은 음력 5월에 오고, 이날은 모든 가능한 나무에 그네를 걸 뿐만 아니라 '지짐이'라는 맛난 전도 먹는다. 왜냐하면 모든 명절에는 그날의 독특한 놀이뿐만 아니라 그날의 특별한 음식도 있기 때문이다. 설날이 돌싸움과 연날리기라는 특징이 있듯이, 단오는 지짐이, 소녀에겐 그네, 소년과 젊은 남자에겐 씨름의 날이다.

아이들은 그냥 생각날 때 한 해의 아무 날이나 연날리기, 그네 타기, 씨름이나 돌 던지기를 한다고 생각할지 모르지만, 그렇지 않다! 각 놀이나 운동을 하는 때가 있고, 다음 운동을 위한 준비를 하기 전에 한 운동이 지겨워질 시간은 없다. '이 시기엔 이 운동을, 저 운동은 저 시기에'가 한국 청소년의 좌우명일 것이다. 6월에 연날리기를 하거나 9월에 그네 축제를 하는 건, 8월에 양모를 덧댄 가운을 입는 것처럼 여기선 제철이 아닐 것이다. 그저 아이들은 그렇게 하지 않는다. 아마 그래서 놀이가 더 재미있을 것이다. 지겨워질 기회가 없기 때문이다.

소년은 설날 이후 연날리기가 지겨워질 겨를도 없이, 얼레와 연줄, 하늘을 가로질러 날던 화려한 종잇조각을 내려놓는다. 다가오는 단오의 씨름 경기를 위해 근육을 단련할 때가 왔음을 깨달

것이다. 그리운 옛날에 한 지역 전체의 젊은 남자와 소년들은 산허리의 한 곳에 모여 씨름 경기를 했다. 이때 정교한 의식도 함께 열렸고, 가능한 경우 그 지방의 군수처럼 중요한 인물이 주재했다. 승자는 아주 가치 있는 상을 받고, 승자와 그 친구들은 정말 자랑스러워했다! 소녀들에게 단오는 그네 뛰는 날로, 이들에게도 아주 기쁜 시간이다.

이날과 관련된 관습은 지역마다 다양한 것 같다. 송도에서 이날은 '신부의 날'이라고 하고, 모든 젊은 색시(처녀)들과 그해의 신부들은 아름다운 신부복을 입고 나올 수 있다. 한 해의 나머지 기간에는 여자들이 조용히 갇혀 사는 집에서도, 이날은 여자들에게 자유를 준다. 여자들은 화려한 신부복을 입고 작은 족두리도 쓰는데, 족두리는 이 나라의 다른 지역에서는 결혼식 때만 쓰는 것이다. 송도에서 고궁의 마당은 이 행렬의 무대로, 남자와 소년들은 들어갈 수 없다. 어린 신부 중 일부는 정말 어린아이인데, 이들은 화려하게 차려입고 행진하며, 옷과 멋진 머리 장식에 대해 엄청난 박수와 찬탄을 받는다. 숲은 재잘거리는 행복한 소녀들과 그 어머니들, 시중드는 하인, 친구, 이웃들로 가득 찬다. 큰 나무에는 이날을 위해 특별히 그네를 건다. 그리고 화려한 새들이 마음껏 날듯이, 번쩍이는 색깔이 올라갔다 내려갔다 한다. 이는 절대 잊을 수 없는 광경으로 분명 참여하는 이들은 더 즐거울 것이다.

비기독교인에게는 조상의 무덤에 제물을 바치는 축제도 있음을 기억해야 한다. 그중 가장 중요한 날은 음력 8월 15일로, '만령절(萬靈節)'이라고 부를 수 있을 것이다. 무덤은 묘지가 아니라, 점쟁이가 좋은 자리로 찾은 곳에 전국적으로 흩어져 있다. 이 무덤은 때로 꽤 높다. 죽은 사람의 재산과 계급에 따라 무덤의 크기와 높이를 결정한다. 봉분 앞에는 정사각형의 돌판이 있어 정해진 시간에 이 위에다 죽은 사람들의 혼에게 제사 음식을 바친다. 향은 혼이 먹는 하늘의 물질이라고 여겨지고 더 물질적인 음식은 그 후에 산 사람들이 먹는다. 최고의 음식을 이 훌륭한 진수성찬을 위해 몇 달간 아껴둔다. 그러니 집의 아이들이 제삿날이 아니라 8월의 엄청난 축제날로서 이때를 기다리는 것도 당연하다!

조상의 무덤이 있는 곳은 멀 수도 있다. 만일 가족이 사치를 감당할 수 있을 만큼 부자라면, 심지어 수백 마일 떨어진 곳에 무덤이 있기도 하다. 이 경우 연례 제사는 긴 소풍 같다. 많은 하인이 주인을 동반해 커다란 음식 바구니와 여행에 필요한 다른 물건을 나른다. 가족의 소년들에게 이날은 가장 즐거운 휴가가 된다. 도중에 숙소나 절에서 자는 밤은 생생한 추억으로 남는다.

집안 남자들은 가족의 제단을 공식적으로 주관한다. 소녀는 조상의 혼에 제물을 바칠 수 없다. 그래서 아버지가 죽은 뒤, 경배를 계속할 아들이 없는 것은 엄청난 불행이다. 돌로 된 큰 상에 가장 맛있는 음식을 차리면 가족은 모여 존경의 절을 한다. 그러면서 제물을 받아주시고 신들이 떠난 혼들에게는 휴식을, 산 사람들에게는 평화와 번영을 내려주시길 빈다. 그 후 모든 일행이 가까운 그늘로 가서 같이 진수성찬을 먹는다.

좋은 시간이라고? 그렇다. 정말 한국 어린이는 좋은 시간이 많다. 그리고 이 정해진 시기는 물론 가장 좋은 시간이다. 이런 날과 함께 밖에서 보내는 길고 즐거운 날들, 가을날의 황금빛 경이, 겨울날의 하얀 경이, 여름의 초록빛 경이가 있다. 계절마다 각각의 보답이 있다. 아이뿐만 아니라 어른들도 다른 많은 놀이를 한다. 우리가 부르는 이름의 놀이와는 꽤 다르지만, 충분히 비슷해서 같은 종류라고 쉽게 알 수 있는 것이다. 백개먼[25], 도미노, 체스는 아주 즐겨 하는 놀이다.

겨울에 소녀들이 하는 놀이 중 가장 흥미로운 것은 시소와 비슷한 놀이다. 이는 참여자들이 시시하게 앉아서 부드럽게 올라갔

---

25 말 15개를 주사위로 진행시켜 먼저 전부 자기 쪽 진지에 모으는 쪽이 이기는 반상(盤上)놀이.(역자 주)

다 내려갔다 하는 운동이 아니다! 두 소녀가 무거운 대의 각 끝에 서 있는 걸 보면, 어떻게 저렇게 균형을 유지할까 궁금해진다. 그러다 둘은 '발동을 걸기' 시작한다. 한 소녀가 널빤지를 내려오면서 온 힘을 다해 자기 끝의 다른 아이를 하늘 높이 올려 보내면, 다른 아이는 번갈아 내려오며 그 소녀를 더 높이 올려 보낸다. 그래서 둘은 번갈아 가며 최대한 높이 솟아오르며, 둘이 하늘 위로 5-6피트 솟아오를 때까지 이 놀이를 계속한다.

이 나라 사람들은 진정으로 자식을 사랑하고, 자식에게 자신이 가진 최고의 것을 준다. 집에 가뭄, 병, 가난이란 재난이 닥치지 않고 모든 것이 고요하고 평화로울 때, 보통 어린이의 생활은 걱정 없고 명랑하며 행복하다. 재난과 가난, 병이나 고난이 닥치면 보호받지 못한 아이들의 가냘픈 어깨가 무겁다. 무지와 미신이 성행할 때는, 무력한 아이들에게 늘 가장 부담이 된다. 부모가 아이에게 헌신하고 아이를 위해 목숨마저 바칠 것이라고 해서, 집의 비위생적인 상황이 나아지거나 모든 위생의 법칙과 상식을 덜 어기지도 않는다. 사랑 넘치는 부모의 무지에서 비롯된 아이들의 고통과 유아 사망률은 정말 무시무시하다.

아기가 아플 때 어떤 집이 불안하고 걱정스럽지 않겠는가? 아기는 너무 소중하지만 너무 작고 무력해서, 금방이라도 영원 속으로 되돌아갈 것만 같다. 이제 도시와 큰 마을에는 병원과 의사가 있어 현대과학의 도움으로 어린아이의 울음에 답할 수 있다. 그러나 한국인 수백만 명의 대다수는 고립된 시골 마을에 산다. 아기가 아플 때 어머니는 누구에게 도움을 청할 수 있을까? 어머니가 기독교인이 아니라면 아마 가장 먼저 무당을 떠올릴 것이다. 왜냐하면 평생 동안 병은 악귀의 소행이니 악귀를 쫓아내야 낫는다고 배웠기 때문이다.

관대하고 애정 어린 어머니는 보통 때는 아이가 원하는 것이라면 뭐든 해주지만, 화난 악귀가 무서워 너무 잔인하게도 무당이 자기 뜻대로 하게 두는 것은 늘 놀랍다. 가장 자주 하는 처방은 새빨갛게 달군 바늘로 살을 찔러, 악귀가 도망갈 길을 트는 것이다. 경건이 경우 종종 구리 동전을 뜨겁게 달궈 동전이 지글거리며 뼈에 들어갈 때까지 정수리에 대고 눌러 치료한다. 많은 어린이의 머리에 머리카락이 없는 이런 작고 둥근 부분이 있는 걸 보면 뭘 뜻하는지 알 것이다. 이런 격렬한 치료로 죽는 경우도 많다. 왜냐하면 바늘이 급소를 찌르거나, 바늘로 찔러 상처 난 부분이 쉽게 감염될 수 있기 때문이다. 그러나 이는 무당이 보기에 악귀의 잘못일 뿐이다. 그래서 결국 이 사람들은 피부색이 다를 뿐, 지구 다른 편에 사는 형제들과 아주 비슷함을 알 수 있다. 이들의 미신은 조금 다르다는 점만 빼고 말이다. 수백 년 전에 우리 조상들이 무지와 두려움에 마녀들을 화형에 처하고 있을 때, 동양인들은 악의 세력보다 강하다고 생각하는 이들을 떠받들었다. 무당과 판수는 두려움의 대상이자 병을 고치는 사람이었기에, 이 집단의 지도자가 되었다.

이 나라 어린이들은 동화와 설화를 좋아하고 한국인의 갖가지 전설은 거의 끝이 없다. 악귀, 유령, 꼬마 요정, 선녀, 동물의 초자연적 능력에 대한 놀라운 이야기 때문에 설화는 가장 흥미로운 연구거리다. 언덕과 돌, 나무와 꽃, 강과 산에는 『아라비안나이트』의 지니처럼 중요한 정령이 있다. 교활하고 까불까불한 토끼가 다른 동물을 이용하고 웃기는 장난을 치는 것을 읽으면, 리머스 아저씨 이야기가 떠오른다. 그러나 이야기책의 왕은 호랑이다. 줄무늬가 있는 영광스러운 호랑이는 가장 무섭고 잔인한 포식 동물로 나오고, 많은 이야기에서 유명한 악당이다. 호랑이는 교활하고 잔인할 뿐만 아니라, 사람을 잡아먹는 동물로서 너무 강력해서, 재치를 겨뤄 거의 모두에게 이긴다. 호랑이를 무서워하는 데는 충분한 이유가 있다. 현대에도 호랑이는 겨울마다 사람의 목숨을 빼앗고, 외롭고 보호받지 못한 산골 마을 사람들은 여전히 호랑이의 힘을 알고 무서워한다.

사람들이 아주 좋아하는 많은 동화 중에는 한국판 신데렐라가 있다. 이 이야기에서는 소가 주인공을 돕는 요정 역할로 나와 어린 소녀를 불행한 운명에서 구한다. 「세 가지 소원」의 여러 다른 판도 있는데, 이 이야기에서는 탐욕스러운 인물들이 마법의 소원을 어리석은 데 낭비해, 결국 아무것도 얻지 못한다. 「참새들의 왕」이라는 아주 흥미로운 이야기는 새와 짐승에게 친절히 하라는 교훈을 가르친다. 새들의 왕국의 작고 친절한 왕이 한쪽 다리가 부러져, 가까이 사는 가난한 가족의 어린 아들이 지나는 길에 무기력하고 고통스럽게 누워 있었다. 이 소년은 사랑 어린 친절과 동정심에, 불쌍한 새의 부러진 다리를 동여매 주고, 다시 날 수 있을 때까지 다정하게 보살펴 주었다. 그러자 왕은 자기 정체를 밝혔고, 소년은 놀랐다. 왕은 소년에게 마법의 박 씨를 심으라고 주며 이 씨가 엄청난 부와 행운을 가져다줄 거라고 약속했다. 시간이 흘러 박 덩굴이 온 집을 기어올랐고, 덩굴에는 커다랗고 아름다운 박 10개가 열렸다. 소년이 몰래 박을 열어보니, 박마다 소년에게 안락함과 부와 권력을 주는 멋진 선물이 들어 있었다. 소년의 형은 사악하고 잔인하고 욕심이 많았는데, 이 갑작스러운 엄청난 행운의 비밀을 너무 알고 싶었다. 마침내 동생이 어떻게 이 새들의 왕의 호감을 샀는지를 안 형은 그 작은 제비를 잡으려고 덫을 쳤다. 그리고 제비가 잡히자 다시 치료하기 위해 다리를 부러뜨렸다. 잔인한 형은 자기도 원하는 대로 될 때까지 새를 붙잡아 두었고, 왕은 그렇게도 탐낸 박 씨를 형에게 갖다 주었다. 그러나 결과적으로 열린 박들을 열자, 행운과 이익이 아니라 가장 끔찍한 재해와 재난이 닥쳤다. 박을 하나씩 열 때마다, 전의 박보다 더 치명적인 무언가가 나왔다. 하지만 이 욕심 많은 남자는 너무 호기심이 많고 마지막 결과를 너무 확신해 모든 박을 열었다. 그 결과 형은 비참하게 완전히 몰락하고, 이 이야기는 친절의 가치와 잔인함의 대가를 가르친다.

그리고 마법에 걸린 술독 이야기도 있다. 이는 개와 고양이가 어떻게 친구가 됐는지, 마법의 호박[26]을 가진 친절한 늙은 주인이 어떻게 편안하고 평화롭게 살았는지, 충실한 동물 친구인 개와 고양이가 어떻게 힘을 합쳐 잃어버린 보물을 찾았는지에 대한 이야기다. 잔인한 멧돼지가 인간의 머리뼈에 담긴 마법의 힘으로 사람으로 둔갑해, 어떻게 마을의 모든 사람에게 마법을 걸고, 사람들을 억압하고 위협해 이들의 재물을 훔쳤는지에 대한 이야기도 있다. 토끼, 개, 거북이, 용에 대한 이야기에서 이들은 늘 친절하고 다

---

26 광물.(역자 주)

정한 성격으로, 사람을 돕는 친구로 나온다. 그러나 늘 사람을 해치려는 동물도 있다. 호랑이, 곰, 여우는 친근한 법이 없고, 이들이 인간으로 둔갑하면 이야기의 주인공에게 분명 끔찍한 일이 일어난다.

귀신 들린 집과 집터도 많다. 예전에 그 집에 살았던 이의 혼령은 극심한 고통 때문에 여전히 제멋대로 그곳을 배회하거나, 원수에게 천벌이 내려지길 빈다.

특히 흥미로운 것은 역사 속의 영웅이 살아 있을 때와 관련된 이야기다. 서양의 몇몇 지역에서처럼, 이곳에서도 어떤 사람이 살해당하면, 그 사람은 살인자가 죗값을 치를 때까지 무덤에서 편히 쉴 수 없다는 생각이 여전히 보편적이다.

수백 년 전에 지은 옛 집 수천 채, 중요성이 밝혀진 사건, 수많은 안마당이 있는 이 꾸불꾸불한 옛 건물에서 살고 사랑하고 죽었던, 한국 역사에서 유명한 인물들을 생각해 보라. 이들 벽은 수 세기를 보초 서면서 얼마나 기이한 광경을 보았을까. 그리고 무관과 귀부인, 악당과 영웅, 음모와 대항책에 대해 어떤 이야기를 들려줄까! 분명 한국인들이 여전히 도깨비와 귀신, 다른 세계에서 온 소름 끼치는 방문객에 대한 기이한 유령 이야기를 속삭이는 것은 이상하지 않다. 모든 곳의 아이들처럼, 아이들은 귀를 쫑긋하고 눈이 휘둥그레져 앉아, 떨며 무서워하면서도 늘 또 다른 이야기를 해 달라고 한다.

이곳의 어린 소녀들은 어머니가 하는 일을 아주 즐겁게 한다. 어머니가 옷을 하얗게 빨러 시냇가에 가면, 어린 딸도 따라가 더 작은 돌에서 옷을 두들긴다. 어머니가 물을 길으러 우물에 가면, 작은 그림자도 작은 물 단지를 안고 도우러 간다. 어린 조수는 집 안에서 진짜 일을 자주 해야 한다. 아이는 너무 작은데도, 불가에 앉아 이글대는 불에 짚과 나뭇가지를 넣는 법을 일찍 배운다. 방바닥의 일정한 온기와, 밥솥의 적당한 온도는 모두 천천히 인내심 있게 연료를 넣는 것에 달려 있다. 그래야 밥이 타지 않고, 방바닥도 너무 뜨겁지 않고 아침까지 온기를 유지한다.

동생을 돌보는 일도, 그 일에 적합하고 필요하다는 이유로 어린 소녀의 몫이다. 요람이나 흔들의자는 필요 없다. 누나가 그냥 긴 천 조각을 들면, 어머니는 어린 남동생을 누나 등에 편안히 꽉 묶어준다. 동생은 거기서 옹알거리고 발로 차고, 누나가 하는 모든 일에 함께 한다. 그것이 봄에 언덕과 골짜기로 즐거운 소풍을 다니며 부드러운 초록빛 새잎을 찾는 것이든, 누나가 돌판과 나무 방망이로 공들여 옷을 다리는 법을 배우는 것이든 말이다. 누나가 뛰노는 동안, 아기는 계속 누나 등에 있다. 아기는 낮잠 잘 준비가 되면 준비됐다고 소란 피우는 법 없이, 그냥 누나한테 더 딱 붙어서 잠잔다.

건강 전문가들은 아기가 누나 등에 업힌 갑갑한 자세와, 눈을 보호하지 않은 채 밝은 햇빛에 나갔을 때의 악영향을 비판한다. 그러나 아기가 하루 종일 누나 등에 업혀 밖에서 지내는 것에는 장점이 있고, 이는 아마 한국 아기의 한 가지 이점일 것이다. 그렇지 않으면 아기는 몇 시간 동안 어두침침하고 너무 뜨거운 작은 방에 누워 있어야 하기 때문이다. 방에서는 온갖 세균이 넘쳐나고, 심한 폐결핵이 해마다 많은 목숨을 앗아간다. 남자 아기는 보통 여름이 끝나갈 때면 햇볕에 갈색으로 그을린다. 어떤 지역에서 요즘 대유행인 선탠은 지난 세기 내내 한국 아기에게 최고의 약이었다.

이미 동생을 계속 업고 다니는 부담은 성장기의 소녀에게 좋지 않을 것이다. 그러나 소녀 수천 명이 아이를 업고, 어떤 경우 업힌 아이보다 별반 크지 않을지라도, 이렇게 어린 딸이 도와주지 않으면, 어머니는 돌봐야 할 집안일이 더 늘어날 것이다. 집에 들어가면, 아마 장남이 누나 등에 업혀 누나의 어린 삶을 휘두르는 동안, 어머니는 가족 중 가장 어린 아기를 자기 등에다 똑같은 방식으로 묶은 것을 보게 될 것이다. 어머니는 어쩌면 태어난 지 며칠 밖에 안 된 새로 태어난 아기를 업은 채, 요리, 빨래, 다림질, 우물에서 물 긷기, 벼 탈곡 같은 집안일 등, 주부가 가족을 돌보기 위해 해야 하는 오만 가지 일을 한다. 몇 년 뒤면 정말 딸은 다른 가족의 며느리가 될 것이다. 그리고 딸은 자기 집의 생활에 중요하게 기여했다고 인정받지 못할 것이다. 그러나 어머니는 자기 '보배' 없이 무엇을 했겠는가?

햇빛이 있으면 그늘이 있고, 기쁨이 있으면 고통이 있듯이, 어디서나 어린 시절은 자기 몫 이상이 있다. 도시 거리의 집 없는 어린 거지 아이들을 생각하면 가슴이 미어진다. 이들에게 필요한 필수품은 거의 또는 전혀 없기에, 이 아이들의 고통은 측은하기만 하다. 도시에는 모퉁이마다 불행한 거지 아이들이 바글거린다. 여름에 이들은 '햇빛과 공기'만 입고 뛰어다닌다. 겨울에 이들이 불쌍한 여윈 몸에 걸친 펄럭이는 누더기는 움츠러든 살을 가려주지 못한다. 하지만 결국, 생각하면 가슴 아프지만, 행복한 아이들 수백만 명에 비하면 이들의 수는 적다.

가정교육의 좌우명은 어머니에 대한 한, '아이가 원하면 준다.' 인 것 같다. 어린아이는 보통 자기가 어머니를 휘두를 수 있음을 아주 일찍 깨닫는다. 즉 설사 좀 발로 차고 소리 질러야 한다고 해도, 자기가 원하는 걸 얻는 방법이 있음을 안다. 아버지는 다를 수 있다. 아버지는 가장으로, 무서워해야 하는 존재다. 아버지의 말은

법이고, 동양이 그렇게도 자랑하는 '부모에 대한 순종'은 사실 '아버지에게 순종해야 한다.'는 뜻이다. 아기가 가장 처음 배우는 것은 아버지를 존경하는 것이다. 그리고 동시에 아기는 어머니는 권위가 거의 없으니, 무서워할 필요가 없음을 알게 된다. 그러나 어머니의 사랑은 세계 어디서나 똑같이 굉장한 것으로, 가장 먼저 꽃 피고 가장 나중에 지는, 지상에서 누리는 약간의 천국이다.

　한국인의 어린 시절의 모습은 변하고 있다. 무지갯빛 옷을 입은 소년 소녀들이 여기저기 지나다니며 논다. 여기엔 한 무리가 놀라운 연날리기에 빠져 있다. 어린 소년들은 구름을 향해 고개를 들고, 하늘 높이 솟은 장난감이 바람과 싸우는 걸 본다. 저기엔 널뛰기판이 있다. 오르락내리락하는 널판에서 진홍색과 초록색, 노란색과 파란색 옷을 입은 소녀들이 높이 올랐다 내려왔다 하고, 소녀들의 흔들리는 댕기머리와 나부끼는 댕기가 공기를 친다. 어린 주인들은 팽이채를 들고 다양한 종류와 색깔의 팽이를 즐겁게 따라다닌다. 아이들은 교통수단이 빠르게 움직이는 거리 한가운데로 나간다. 자동차, 자전거 타는 이, 소달구지, 짐을 실은 수소와 모든 무거운 교통수단은 작은 운동선수들에게 길을 비켜줘야 한다. 왜냐하면 아이들은 빙빙 도는 장난감에 너무 빠져서, 다른 데 신경 쓸 겨를이 없기 때문이다.

거리와 뒷골목은 아이들의 놀이터다. 날씨가 너무 춥지 않으면, 거리마다 아이들이 행복하게 노는 걸 볼 것이다. 행복한 시절이여! 몇 년 뒤에나 찾아올, 유년기의 문 너머 이들을 기다리는 고난을 생각할 필요가 뭐 있겠는가? 아이들은 우리가 갈 수 없는 자기들만의 천국에서 산다. 그러나 우리는 들어갈 수는 없을지 몰라도, 이 특권 집단의 언저리에 서서, 한국 어린이들이 정말 명랑하고 즐겁게 지내는 것에 기뻐할 수 있다.

제 7 장
학교생활

교육 문제는 신구의 대조가 가장 심한 분야다. 한 세대 만에 구식 풍 고 고진에서 현대식으로 갑자기 바뀌었기 때무이다

배움은 한때 특혜 받은 소수의 전유물이었으나, 이제 적어도 이론적으로는 모두에게 열려 있다. 50년 전에, 학생이 시간과 노력을 들일 가치가 있다고 생각한 유일한 과목은 중국의 옛 보물이었다. 오늘날 학교는 과학적이고 최신식이어서, 젊은 한국의 요구를 만족시켜야 한다. 마침내 이 땅의 젊은이들은 은둔국이 고립돼 얼굴을 계속 과거로 향할 동안, 지구의 많은 나라가 수세기를 앞서갔다는 놀라운 깨달음을 얻었을 때, 이 흘러간 시간을 어떻게 따라

잡을 수 있을지 즉시 질문하기 시작했다. 젊은이들은 교육이 모든 악에 대한 마법의 만능 통치약이라고 생각했다. 갑자기 모든 학교에서 놀랄 만큼 학생 수가 늘었다. 전국의 애국자들은 유치원부터 산업·농업 기관까지, 온갖 학교를 세워 애국심을 보였다. 학교는 하룻밤 새 솟아나는 것 같았고, 사람들의 교육열은 대단했다. 이런 많은 사립학교가 사라졌지만, 여전히 남아 변함없는 가치를 보여주는 곳도 많다. 다른 사립학교뿐만 아니라 전도 학교도 이렇게 급속히 성장한 시기가 있었다. 공립학교가 수와 효율성 면에서 발달하자, 초급 학교는 계속 줄고 있고, 사설 기관은 점점 더 고등 교육으로 제한될 것이다.

옛 중국식 학교인 '글방'은 옛 시대의 필요를 충족시켰으나, 이제 영원히 과거가 되었다. 글방은 흥미롭고 그림 같은 기관이었고, 그것이 의도한 임무, 즉 한자와 중국 문학에 대한 진정한 지식을 얻는 것을 잘 달성했다. 한국의 글자인 '언문'은 한국인이 마땅히 자랑스러워했어야 할 국가적 발명이나, 모든 진정한 학자가 단순한 '여성의 글자'라고 경멸했다. 젊은 한국은 이제 이 유산을 제대로 평가하기 시작하고 있다. 언문은 세계에서 가장 완벽하고 완전한 글자라고 하며, 그러면서도 상당히 쉽고 아주 빨리 통달할 수 있다. 반면, 한자를 약간 익히려고 조금이라도 노력한 사람이라면 그

것이 대단히 어렵다는 걸 안다. 옛 방식은 여전히 유행하고, 옛 글방의 방법인 반복하고 또 반복하는 것보다 더 나은 방법은 나오지 않은 것 같다. 한 음을 백 번 반복하면 항상은 아니라도 백한 번째에는 욀 것이다!

구식 학교의 선생님은 보통 마을의 학자로, 가난하더라도 위엄 있고 중요한 남자였다. 학생들은 학비를 가져왔다. 도구는 거의 필요 없었다. 책상이나 의자, 칠판이나 이런 종류의 다른 거추장스러운 물건은 필요하지 않았기에, 스승의 집 아무 방이나 마루나, 심지어 산허리도 학교가 될 수 있었다. 가장 중요한 요소는 선생님이었다.

여자아이는 자기 삶에 맞게 살려면 교육받을 필요가 없다고 여겨졌다. 그러나 사실 애정 어린 아버지가 어린 딸을 형제들과 함께 학교에 보내는 경우도 드물지 않았다. 이 경우 여자아이는 소년의 옷을 입고, 다른 학생들과 똑같이 열의에 넘쳐 놀고 공부했다.

글방의 위치는 1마일 떨어진 곳에서도 알 수 있었다. 아이들이 시끄럽게 노는 소리 때문이 아니라, 공부하는 소리 때문이었다. 각 어린이는 소리 높여 단조로운 가락으로 수업 내용을 계속 다시 암송했다. 각 학생은 서로 다른 글자를 반복하고, 잘 모르는 사람에게 이는 '여러 물줄기 소리'처럼 들렸다. 그러나 선생님의 예리한 귀는 그 소리에 너무나 익숙해서, 무의미하게 들리는 소음 속에서도 실수를 알아챌 수 있었다.

소년은 자기가 수업 내용을 안다고 생각하면, 스승에게 이를 알렸다. 그리고 정중하게 등을 돌리고 자기가 외운 것을 반복하기 시작했다. 소년은 잘 못 외우면 과제를 다 할 때까지 계속 노력해야 했다. 정교하고 아름다운 한자를 섬세하고 신중하게 쓰려면 많은 시간과 노력이 들었다. 남자는 이 예술에 일생을 바쳤다.

옛 고전 문학과 이 문학을 이루는 어렵고 과장된 언어를 공부하는 데 들인 세월과 엄청난 노력을 생각할 때는, 한국에 중국식 공무원 임용 고시라는 옛 체계가 있었다는 중요한 사실을 기억해야 한다. 공식적인 시험인 '과거'가 남자의 지위와 신분을 결정했다. 그리고 모든 벼슬자리는 이 교육 체제와 학생의 한자 지식에 기반을 뒀다. 학생은 한자의 복잡한 뜻과 상징을 알아야 할 뿐만 아니라, 한자의 헷갈리는 기원을 숨겨진 곳까지 거슬러 올라가 분석해야 했다. 학생은 거의 모든 주어진 주제에 대해 길게 인용해야 했다. 또 어떤 주제를 줘도 즉석에서 대수롭지 않게 아름다운 시나 2행 연구를 지을 수 있어야 했다. 이런 지식을 얻으려고 옛날 책과 그 귀중한 가치를 상세히 공부하는 데는 평생이 걸렸다. 그러나 결국 이 공부는 남자가 다른 사람들에 대해 책임과 권위 있는 자리에 앉는 데 필요하지 않았다. 학생은 얼굴을 과거로 향하고, 자기 주변의 삶에 귀 먹고 눈 먼 채, 자기가 사는 시대의 상황과 요구를 몰랐다.

이렇게 비현실적이고 케케묵은 기준으로 뽑은 관리들이 한국의 상황에 대치할 수 없었던 것은 이상하지 않다. 심지어 민중의 부담과 고통을 지려고 돕기 위한 관대한 의도를 가진 친절한 관리도, 정부 행정권을 쥐고 사악한 체제를 계속 제어했던 부도덕한 조언자와 노련한 정치인들의 먹이가 된 것도 이상하지 않다. 청춘을 다 바쳐 고전을 집중적으로 연구한 새로 임명된 장관의 상황을 상상해 보자. 모든 법적 절차 후에 남자는 장관직에 취임한다. 이 경사를 엄청난 잔치로 영광스럽게 축하하고, 이런 때 흔히 그렇듯이 장 긴 주변에는 흡혈귀, 관직을 노리는 자, 아첨꾼이 모두 모였다. 이 친구들은 관직에 새로 오른 사람을 길들이는 데 아주 노련치고, 새 장관이 자기 지위의 어려운 의무를 다하는 걸 '도와줄' 기회를 기다릴 뿐이다. 당연히 장관은 정직한 목적으로, 민중에게 정의, 개혁, 깨달음을 진정으로 주고 싶어 한다고 하자.

어려운 상황이 생긴다. 고통받는 대중은 새 관리에게 도움을 청한다. 경제·산업·재정 면에서 기이하고 어려운 문제들이 있다. 권한이 있는 장관은 이 위기에 부딪쳐 요구를 충족시킬 준비가 전혀 되지 않았다. 장관은 어떻게 해야 할까? 장관이 너무 잘 아는 공자, 맹자나 어떤 위대한 고전에도, 이 즉각적·실제적 문제를 해결하게 도와줄 것은 아무것도 없다. 장관은 정말 옳은 일을 하고 싶고, 민중의 고통과 필요에 가슴이 찢어지나, 8살짜리 소년처럼 무력하고 당황스럽다. 우리는 뿔테 안경을 쓴 다정한 눈 속의 괴로운 질문을 상상할 수 있다. 어떻게 해야 할까? 이런 경우에 무엇을 해야 할까? 불쌍하게도 장관은 모른다. 그러나 항상 준비된 조언자들은 사악한 새떼처럼, 먹잇감이 내려앉을 때만 노린다. 이 남자들은 교활하게 장관에게 제안한다. 경험 없는 장관은 고귀한 이상과 민중을 돕고 싶은 욕망에도 불구하고, 곧 이 부도덕하고 자기 이익만 찾는 조언자들의 올가미에 걸린다. 이들의 주요 목적은 제 앞만 차리는 것이다. 민중을 구하려던 사람이 자신의 무력함을 깨닫고, 정부의 자세한 일을 더 경험 많은 이들의 손에 맡긴 채, 슬프게도 다시 책으로 돌아가 이름만 통치자인 관직의 책임을 맡는 동안, 민중의 고통과 이들에 대한 억압은 계속되거나 더 심해질 수도 있다.

이는 옛 체제에서 반복해서 일어났을 일을 가상으로 그려본 것이다. 한국의 몰락과 국가적 무력함의 가장 중요한 요인은 이 공무원 임용 고시라는 옛 체제라고 할 수 있다. 그리고 그 배후에는 한국인이 관직의 책임을 맡게 사람들을 준비시키는 데 필요한 유일한 교육적 요건으로 중국 고전을 받든 사실이 있었다. 한국은 중국을 이상으로 본받았기에, 두 경우 다 규모는 달랐지만 결과는 필연적으로 같았다.

『한국 보고』와 『한국 평론』에서 뽑은 다음의 인용문은 1892년과 1904년까지도 이 나라의 교육 상황이 어땠는지 보여준다.

다음은 1892년 2월, 『한국 보고』에서 인용한 것이다. "한국에는 학교가 거의 없고 매우 비슷하다는 점에서 교육 과목이 아주 제한돼 있다. 한국 고유의 학교에는 세 종류가 있다. 즉 진사학동, 경학원, 가정의 사립학교(글방)다. 모든 학교에서는 한자만 가르친다. …… 한자를 아는 사람만 학자로 여겨진다. …… 여자아이를 위한 학교는 어디에도 없다.

진사학동은 가장 중요하다. 이 종류의 학교는 한 군데밖에 없다. 이 학교는 서울에 있고, 한국 왕의 직접적인 보호를 받는다. 이 학교는 '진사'[27]인 사람들만 갈 수 있다. 전국에 흩어져 있는 더 낮은 단계의 수많은 학교 졸업생들이 이 학교에 온다. 서울시에는 이

---

27 조선 시대에, 과거의 예비 시험인 소과(小科)의 복시에 합격한 사람에게 준 칭호. 또는 그런 사람. (역자 주)

런 이전 단계 학교가 네 곳 있다. …… 진사학동의 직원은 그 수가 매우 적고, 왕이 임명한다. 이 기관은 오래전에 생겨, 수 세대 동안 전해 내려왔다. …… 주 학교에는 학생이 300여 명 있는데, 학생들은 자기 마음대로 들어왔다 나갈 수 있기에 그 수가 달라진다.

눈에 띄는 두 번째 학교는 첫 번째 학교보다 훨씬 덜 흥미롭다. 이 학교는 첫 번째 학교인 왕립 한국 대학보다 더 근래에 생겼고, 지위가 없는 젊은 남자들로 이뤄져 있다. 이 학교도 서울에 있다. '경학원'이란 이름은 공자의 어떤 글을 공부하는 학생이란 뜻이다. 즉 이 유명한 사람의 업적은 모든 학업의 기반이 된다. ……

눈에 띄는 다른 종류의 학교는 한자 공부를 시작하는 소년들을 위한 사립학교다. 더 부유한 집의 아들은 개인 교사가 있고, 친구와 이웃의 아들들도 함께 수업을 듣는다. 그리고 보통 최고의 결과를 얻기 위한 최대 학생 수는 8명으로 여겨진다."

1892년에서 1904년 사이에 한국의 교육 상황은 크게 변했다. 전국적인 공무원 임용 고시였던 '과거'를 폐지하자 충격이 너무 커서, 한동안 적어도 이 땅의 젊은이들은 교육 수단으로서 한자에 흥미를 잃은 것 같았다. 그리고 이들은 새로운 배움에 대한 관심과 호기심이 아직 없었다.

다음은 『한국 평론』 LV권, 484쪽(1902년)의 사설에서 인용한 것이다.

"우리는 이 문제에 대해 해결책을 제안하기 전에, 젊은이들을 교육하기 위해 현재 무엇을 하고 있는지를 조심스럽게 눈치 채야 한다. 서울에는 초급 학교가 7-8군데 있고, 평균 학생 수는 40명이다. …… 사실상 아무것도 하지 않는 것이다. 중급 교육을 보면 중학교가 한 곳 있는데, 교사가 8명에 평균 30여 명의 소년이 다닌다. 건물, 기구와 교사들은 학생 400명을 가르치기에 충분하다. 몇 군데의 꽤 성공적인 외국어 학교가 각각 학생 20-80명을 가르치지만, 외국어 공부로는 일반적인 국가적 교육을 위한 계획을 짤 수 없다. 또 다양한 사립학교가 있는데, 거의 모든 사립학교가 쇠퇴하고 있는 상황이다. …… 새 껍질을 준비하지 않은 채 껍질을 벗은 뱀처럼 지금같이 마구 질질 끌고 다니느니, 모든 시대착오에도 불구하고 과거 제도로 돌아가는 게 나을 것 같나."

오늘날 수많은 학생이 모든 단계의 학교에 들어가길 열망하며 몰려드는 걸 생각하면, 25년보다 약간 전만 해도 이런 모습이 가능했을 거라곤 거의 생각할 수 없었다!

새 교육 체제는 옛 체제를 완전히 대신했다. 전국 여기저기, 특히 멀고 외딴 시골엔 여전히 소위 '글방'이 많다. 그러나 글방은 사실 낮은 단계의 예비 학교로, 보통 정규 초급 과정인 3-4학년까지

금강산 중심부에 있는 벽담.

를 맡는다. 이 땅의 젊은이들이 지식에 목말라 사립·공립·전도 학교 등 교육 기관에 넘쳐나자, 많은 면에서 상당히 놀랍고 현대적인 새 정책, 새 체제가 생겼다.

한국의 외딴 시골에까지도 현대식 학교 체제를 세우는 것은 확실히 어마어마한 일이자, 많은 기금이 필요했다. 이는 아직 완성되지 않았고, 모든 면에서 효율적이라고 할 순 없지만 주목할 만하다. 이렇게 어제와 대조적인 오늘의 조건을 짧게 살펴본 것은 이 나라에 있는 일본식 공립학교 제도를 훑어보거나, 전도 학교의 정책을 묘사하려는 것이 아니다. 그런 것은 다른 이들이 잘 해놓았다. 첨부한 표는 정부 공보에서 따온 것으로, 현재 학교 제도에 대해 어느 정도 알려줄 것이다. 이 목록에서 전도 학교는 다른 '사립학교'들과 함께 올라가 있다.

한국 학생은 조국에서 가능한 한 최고로 잘 교육받을 것을 요구할 뿐만 아니라, 가능한 때는 언제나 외국에 유학 가, 자신이 선택한 분야에 숙달하고자 한다. 고등 교육을 위해 유학 가는 학생 대다수는 미국으로 간다. 다른 나라에 대한 통계는 없지만, 뉴욕에서 발행하는 『한국학생회보』1929년 12월호에는 1912년 이후 젊은 한국 남녀 학생 54명이 미국에서 쓴 논문 목록과 이들의 대학 학위가 나와 있다. 이 목록은 완전하진 않으나, 한국 학생들의 고등 교육에 관심 있는 이의 주목을 끌 만하다. 목록에는 남자 48명과 여자 6명의 이름이 나와 있는데, 이는 양성 간에 특권이 불공평하게 분배돼 있음을 강조한다.

이 목록에 나온 학위는 다음과 같다.

신학 학사 ·············· 3
문학 석사 ·············· 30
이학 석사 ·············· 6
법학 석사 ·············· 1
철학 박사 ·············· 11
공중보건학 박사 ······ 1
경영학 석사 ··········· 2

요즘 이곳 학생들의 비극적인 현재 상황에 대해 말이 많다. 부모는 자식을 학교에 계속 있게만 한다면 어떤 희생도 마다하지 않는다. 여전히 학생에 대한 오래된 존경심이 크고, 육체노동은 많이 무시하는 것 같다. 어떤 이들은 단지 중국 고전에서 현대의 과학적 학습으로 관심을 돌렸을 뿐인 것 같다. 이들은 값을 얼마나 치르든 교육받으려 한다! 그 결과 엄청난 수의 학교가 있는데도 여전히 입학할 수 있는 수보다 지원자 수가 아주 많다. 예를 들어, 정원이 80명인 의대에 지원자 수는 900명이었다. 그리고 다른 거의 모든 인정받는 학교도 정원과 지원자 수의 비율이 이와 비슷하다.

졸업 후, 그렇게도 열망해 값 비싸게 딴 학위가 꼭 좋은 직장이나 쉬운 삶을 뜻하는 건 아님을 깨닫는 경우가 너무 많다. '화이트칼라 직장'이 충분히 많지 않은 것이다. 그러면 희망은 깨지고 불만족이 찾아온다. 나이 든 아버지는 아마 집과 농장을 저당 잡혀, 아들이 그 이익을 누리게 했을 것이다. 그래서 고달프고 가난한 삶에서 벗어나 아들과 가족이 출세하길 너무나 바라면서 말이다. 아들은 졸업 후 운 좋게 직장을 구할지도 모른다. 그러나 덜 운 좋은 이도 수천 명 있다. 이들은 어떻게 될까? 이들은 농장이나 가게로 돌아가나 마지만, 자신이 살아야 할 삶, 해야 할 일에 준비돼 있지 않다. 이들은 교육은 인생의 일을 준비하는 데 분명히 중요하나 한 가지 요소일 뿐, 유일한 요소는 아님을 어쩌면 너무 늦게 깨닫는다. 한국의 현명한 지도자와 특히 교육 전문가들은 이 어려운 문제에 부딪치고 있다. 즉 학생이 개개인에게 맞는 특정한 종류의 일을 배우게 어떻게 도울 것인가, 학생이 노동, 육체노동을 진정으로 존중하게 어떻게 고무할 것인가, 학생이 자기 경력을 개척할 수단을 어떻게 줄 것인가, 학생에게 자기가 사는 공동체의 전반적인 복지를 위해 일할 책임을 어떻게 깨우칠 것인가 하는 것이다. 젊은 한국은 한국의 가난과 경제적 고투에 직면해, 어쩔 수 없이 국민들이 더 충만하고 풍요로운 삶을 누리게 하기 위해 전념할 것이다.

제 8 장
종교생활

　이 나라와 그 관습을 피상적으로 본 이들은 한국에 종교가 없다고 했다. 그러나 사실은 그 반대다. 이방인의 사도가 한국인들에게 말한다면, 마르스의 언덕에서 그랬듯이, 분명히 남산에서 이렇게 크게 꾸짖을 것이다. "너희는 모든 것에서 너무 종교적이다." 왜냐하면 한국인의 종교적 믿음과 미신은 삶의 모든 사건을 결정짓기 때문이다. 종교적 믿음과 미신은 태어날 때부터 죽을 때까지, 그 이후에도 지배적이다. 왜냐하면 무덤의 위치, 죽은 이의 뼈를 여기서 저기로 옮길 것인가 말 것인가도 모두 종교적인 의식으로 결정하기 때문이다.

종교를 공부하는 학생들은 이 나라에서 보이는 불교 신앙, 유교 윤리, 오래된 애니미즘 또는 자연 숭배를 정의했고, 모두 이런 믿음이 아주 복잡한 연구 대상임을 인정한다. 한국인의 종교적 개념은 각각 분리돼 있지 않다. 우리는 이 남자는 불교도고, 저 남자는 유생이고, 이 여자는 자연 숭배자라고 말할 수 없다. 각 신앙의 교리가 아무리 서로 반대되더라도, 한국인은 자기 필요와 성향에 맞는 것을 아무 어려움 없이 각 신앙에서 취한다. 한국인은 상류 계급 남자나 학자라면 분명히 평소에는 공자의 추종자로 행세할 것이다. 그러나 이 남자와 그 가족의 삶을 살펴보면, 이들이 불교 사찰에 자주 가서 금박 입힌 신들에게 제물을 바치며 소원을 빌고, 조상의 신주에도 세심하게 주의를 기울이는 것을 알 수 있다.

이 집의 여자들은 분명히 마룻대 위, 곡물 창고 안, 문기둥 위에 있는 물신을 신중히 정돈할 것이다. 집안에 심각한 병이 나면, 여전히 무당을 불러 악귀를 쫓기 위해 격렬히 노력하며 이상한 주문을 외게 하는 방식이 인정된다. 현대화되고 교육받은 사람들 집에서도 구식인 가족이 종종 있어, 의사가 처방한 적은 양의 약에 만족하지 못한다. 이런 이는 영혼의 미움을 사지 않게 조상들의 오래된 관습에도 따르는 것이 훨씬 더 낫다고 생각한다.

"일반적으로 전형적인 한국인은 사회에서는 유교적이고, 철학적으로 사색할 땐 불교도고, 곤경에 처했을 땐 정령 숭배자라고 할 수 있다. 어떤 사람의 종교가 뭔지 알고 싶으면, 그 사람이 곤경에 처했을 때를 보라. 그 사람에게 진짜 종교가 있다면 그때 드러날 것이다. 그래서 나는 한국인의 근원적인 종교는 원시적인 정령 숭배이고, 다른 모든 것은 단지 그 기반 위의 상부 구조일 뿐이라고 결론 내린다. 정령 숭배란 용어는 일반적으로 애니미즘, 샤머니즘, 물신 숭배와 자연 숭배를 포함한다."[28]

유교 윤리는 중국에서 한국으로 들어와 준비된 토양을 찾았다. 왜냐하면 동아시아에는 조상 숭배 신앙이 아득한 옛날부터 있었기 때문이다. 공자는 전성기 때 조상 숭배를 발견했고, 이를 '효'라는 근본적인 가르침의 기반으로 삼았다. 고대 한국에서도 조상 숭배와 효는 나라의 혼이 되었다. 모든 부유한 가정에는 조상의 신주를 모시는 방이 있다. 정해진 때에 향을 피우고, 이승을 떠난 조상님의 이름 앞에 날마다 바치는 제물에서는 맛있는 냄새가 풍긴다.

예전에는 정부가 공식적인 제사를 규제했다. 그리고 모든 일정한 위치에 있는 도시와 지방에는 공자와 그 제자 32명을 기리는 건물이 있어, 정부가 이 건물을 관리했다. 고려 왕국(기원후 905)이

28 헐버트의 『대한제국멸망사』, 403쪽.

시작되기 전에 유교는 이미 한국에 퍼졌으나, 왕씨 왕조 시대(기원후 905-1392)에는 아마 교육받은 계급만 유학을 공부했을 것이라 한다. 이 4세기 동안 불교가 국교로 자리 잡았고, 지배 왕가는 불교를 후원하고 지지했다. 마지막 왕조인 이씨 왕가 때 유교가 다시 인정받고, 15세기부터 다시 공식적인 종교가 되었다.

불교의 경우, 6세기쯤 인도에서 신라로 들어온 새로운 신앙은 한반도 남부를 빠르게 정복했다. "고려 시대는 불교의 전성기였다. 포교사업은 완수됐고, 지배 왕조는 이 신앙의 교수이자 옹호자였다. …… 이 찬란한 시대의 기념물 중, 얼마 되지 않는 큰 탑, 수도원, 절이 특히 남부 지방에 남아 있다. 절을 위한 재원을 제공하려고 떼어 둔 땅, 그 경계와 임대료, 승려의 특권과 관련된 법적·성직 용어의 범람은 아마 과거의 유물로, 예전엔 씨와 열매였던 것을 말로 나타낸 껍질과 껍데기일 뿐일 것이다."[29]

고려는 준비된 학생이었고, 이번엔 동쪽의 이웃에게 교사가 되었다. 15세기까지 일본 불교는 사업에서 영적·재정적 도움을 구하며, 한국을 '서쪽의 보고'로 의지했다. 일본 불교의 옛 근원에서, 오늘날도 절, 도서관, 성상, 불단 비품의 많은 특징의 근원이 한국에

---

29 그리피스, 『은둔국 한국』, 330쪽.

서 왔음을 볼 수 있다. 이는 특히 교토와 나라에서 두드러진다. 나라 근처에 있는 '호류지(法隆寺)'라는 잘 보존된 옛 절은 일본에서 가장 오래된 불교 사찰(기원후 607년)이라고 한다. 이 절은 일본에 새 신앙을 전하러 온 한국 승려들이 지었고, 수많은 조각상, 성상, 성화가 있는 많은 독창적인 건물을 여전히 자랑한다. 이 모든 작품은 시간이 흐르고 곰팡이가 앉아 거무스름하게 됐고, 어떤 것은 거의 알아볼 수 없게 바랬다. 이곳의 본당에서는 위대한 예술가인 토리가 그렸다는 세계적으로 유명한 12면 벽화와, 탑 아래의 동굴 4개 속의 옛 토우들도 볼 수 있다. 이들 토우는 부처가 죽어 무덤에 묻히고 열반에 드는 것을 보여준다. 예술품 감식가는 이 모든 것을 아주 높이 평가한다. 그러나 나는 한국의 승려이자 장인들이 지은 이 아름다운 절을 보러 특별히 눈데를 떠났으나, 곰팡이 핀 벽 위의 흐릿하고 칙칙한 예술의 가치를 제대로 느낄 수 없었음을 고백한다!

한국에서 가장 아름다운 곳은 절을 지을 곳으로 선정됐다. 금강산에는 현대식 불교 사찰이 한국에서 가장 번창하고 있다. 높고 뾰족뾰족한 산봉우리와, 경외심이 들 수밖에 없는 아름다운 자연에 둘러싸여, 초심자와 승려들은 평화롭고 방해받지 않는 고요한 삶을 늘 추구하며 산다.

"한국 절에 있는 우상은 불교를 믿는 아시아 전역에 있는 것이다. 주된 상은 불교의 설립자인 석가모니, 즉 붓다의 상이다. 여러 나라의 성상 조각가들이 전당의 중심 상인 붓다를 조각하고 예술적으로 표현한 것에서 전통을 엄격히 따라, 서로 크게 다르지 않다. 열반에 든 현자는 두 발바닥을 얼굴 쪽으로 한 채, 무릎을 포개고 앉아 있다. 현자의 두 손은 엄지와 엄지, 각 손가락과 손가락이 닿아 있다. 옷 주름, 이마의 둥근 구슬 같은 작품, 전통에 따르면 태양빛에서 머리를 가리려고 나왔다는 정수리 위의 달팽이, 늘어지거나 구멍을 뚫은 귀는 인도, 샴, 티베트의 우상과 사실상 똑같다. …… 영원을 상징하는 연꽃의 완전히 핀 꽃받침과, 기단 주위의 꽃잎들, 연밥 구멍으로 이뤄진 불좌도 똑같다."[30]

한국의 역사는 때때로 승려의 권력과 영향력이 너무 커서, 이들이 사실상 궁과 왕을 제어했고, 엄청난 군사력을 휘두르며 나라에서 매우 정치적이고 가장 강력한 요소로, 사회·정치적 혁명을 일으켰음을 보여준다. 승려들이 이끈 군대는 학생이자 은둔자일 뿐만 아니라 유능한 전사였다.

한국 중세의 이야기는 유럽의 역사와 놀랄 만큼 비슷한 점이

30 그리피스, 『은둔국 한국』, 331쪽.

있다. 여기서도 잦은 전쟁으로 승려 간에 일종의 군인 사회가 만들어졌다. 승려들은 자신의 요새화한 절을 지키고 수비대를 둘 뿐만 아니라, 맹렬히 싸워 전쟁의 추세를 바꾸기도 했다. 전해오는 이야기에 따르면, 왕자와 귀족들도 궁의 쾌락을 버리고 절의 평화를 추구했고, 어떤 왕비들은 조언자 승려를 사랑하기도 했다. 한국에 불교가 들어온 후 1세기 동안, 최고의 지성인과 가장 유능한 사람들은 불교의 영향을 받고 성장해, 불교는 한국 문명에서 인정받는 강력한 요소가 되었음은 분명한 것 같다. 여기서도 다시 중세 유럽과 비슷한 점이 나타난다. 즉 절의 영향력이 늘 좋은 것은 아니었다. 왜냐하면 승려들이 궁에서 영향력을 얻은 뒤, 주저 않고 사악한 목적을 위해 권력을 이용했기 때문이다. 이들은 이 나라의 지식층이었기에, 궁에서 서기, 입법자, 고문, 비서로서 필요했다. 머리를 민 승려는 이 불운한 왕조에서 사악한 천재의 끈질긴 혼처럼, 쇠퇴기 고려의 드라마 속을 지나다닌다. 새 통치자가 나타나 수도를 서울로 정하면서, 이씨 왕조의 첫 번째 왕이 승려와 비구니에 대해 금지령을 내린 것도 그리 놀랍지 않다. 도시의 성벽 안에 절을 세울 수 없었고, 승려는 사실상 백정 다음으로 가장 천하다고 여겨졌다. 생명을 빼앗고 도살을 직업으로 하는 백정은 가장 천한 사람이다. 이 사람의 직업은 특히 불명예스럽다.

한국에서 인정받는 공식적인 종교인 유교와 불교는 국가적 삶의 씨줄과 날줄에 너무나 얽혀 있어서, 못 배운 사람은 어디까지가 유교이고, 어디서부터가 불교인지 모른다. 그러나 이런 외래 종교가 들어오기 전부터 이들의 삶을 지배한 공통적인 일상의 믿음은 어떤가?

　자연 숭배는 때로 한국 샤머니즘, 애니미즘, 또는 일반적으로 뒤섞인 미신이라고 부른다. 이를 가끔 '악령 숭배'라고 잘못 부르는 경우가 있다. 자연 숭배는 악령 숭배가 아니라, 정령 숭배, 주술, 점성학, 물신 숭배가 기묘하게 섞인 것이다. 이것들에는 갖가지 꼬마 도깨비, 악귀, 꼬마 요정, 악령이 관여한다. 죽은 자의 혼은 산 자사이를 돌아다니고, 사람들의 행복뿐만 아니라 불행도 변덕스럽게 주관한다.

　"대개 이 혼들은 인간에게 불행을 가져오려고 음모를 꾸민다고 여겨진다. 행복과 행운을 원한다면 이들을 달래고 환심을 사야 한다. 모든 언덕, 모든 길, 모든 산, 모든 시내와 모든 집터, 집, 부엌과 거의 모든 방은 각각의 신령이나 악령이 있다. 한국인은 이 수많은 적에게 둘러싸여 어떻게 이렇게 잘 지내는지 궁금해진다."[31]

---

31 게일, 『전환기의 한국』, 68쪽.

혼령에는 몇 가지 종류가 있다. 사람이었던 혼령 중에는 편히 잠들지 못하는 혼이 있다. 이들은 끔찍한 죽음을 맞았거나, 아주 억울한 일을 당했으나 복수하지 못한 혼령이다. 또 생전에 좋은 사람이었겠지만 불운한 무덤, 부적절한 매장과 관련된 어떤 이유 때문에 편히 쉴 수 없는 불쌍한 영혼도 있다. 이런 혼은 '달래야' 하고, 그러기 위해서 혼은 이를 이룰 때까지 사람들을 괴롭혀야 한다고 생각하는 것 같다. 꼬마 요정 또는 해를 끼치지 않는 자연신들도 있는데, 이들은 강, 동굴, 바위, 나무와 샘에 출몰한다. 이들에게 제물을 바치면 행운이 올 것이다. 이들은 나쁜 일을 하지 않는 선한 요정 같은 존재로, 사람들은 이들에게 단지 도와달라고 요청하고 소원을 빈다. '귀신'도 단순한 자연신이고, 원래 사람은 아니다. 귀신은 병과 재난의 혼령이다. 이 심술궂은 존재들은 무당이나 판수가 달래서 내쫓아야 한다.

또 다른 종류로 '도깨비'가 있다. 도깨비는 유럽 민간전승에서 악의에 찬 마귀 새끼에 해당한다. "이들은 늘 장난칠 거리를 찾고, 장난을 가장 좋아한다. 이들은 집과 마을 근처에서 온갖 장난을 친다. 왜냐하면 사람과 같이 있는 걸 좋아해서, 자기들끼리 떠나 사막에서 살지 않으려 하기 때문이다." 이 모든 존재 외에도 산신령, 마을의 신, 나무의 정령들이 있다. 헐버트 씨는 이렇게 말한다.

"산신령은 한국의 초자연적인 존재들 중 우리의 천사와 가장 비슷하다. 그러나 이들은 거의 언제나 희고 긴 수염이 있는 존경할 만한 남자로 나타난다. 산신령은 범접할 수 없는 산꼭대기에서 늘 환희의 상태로 산다. 우연히 산신령을 보는 이는 행복한 사람이다. 어떤 사람이 훌륭한 삶을 살면, '신선'이 되어 언덕 속의 이 행복한 무리에 속할 수 있다. 한국인들의 이야기 중에는 이 불사신들이 있는 곳에서 사는 착한 소년에 대한 것이 많다." 이런 유명한 이야기 중 하나는 많은 점에서 「립 밴 윙클」 이야기와 비슷하다.

영혼목은 모든 곳에 있다. 이중 가장 흔한 존재는 평범하게 비틀린 소나무다. 한편, 은행나무는 한국인이 특별히 숭배하는 대상이다. 번개에 맞은 은행나무나, 이 나무의 작은 조각도 혼령들에 대한 확실한 부적이 되기에, 사람들이 열렬히 찾는다. 마을이 내려다보이고 모든 상서로운 곳 위에 있는 거의 모든 언덕 꼭대기와 산길에서 영혼목을 지나칠 것이다. 단련된 눈은 어쩌면 나무 밑에 조그맣게 쌓은 돌무더기나, 나뭇가지에 펄럭이는 헝겊 몇 조각과 종잇조각만 봐도 알 것이다. 지나가는 이들이 한 사람씩 밑에다 돌을 쌓아올린 것이고, 헝겊과 종이는 병사의 희망과 기도를 나타낸다.

길가로 조금 비켜서 있으면, 숭배자들이 끊임없이 오는 것을 볼 것이다. 그리고 지나가는 모든 이가 근처의 돌 위에 제물을 남기고 갈 것이다. 저 여자는 공손히 몸을 굽히고 아이가 회복하길 두 손 모아 빈다. 어떤 신부는 화려한 붉은 가마를 타고 지나다, 멈춰서 새 삶에 행운을 빌며 나뭇가지에 비단 천 조각을 건다. 등에 도자 기를 한 집 진 남자는 근처 시장에 가는 길이나, 멈춰서 행운을 위 해 엽전 몇 개를 나무에 묶는다.

길의 수호자로서 웃고 있는 목장승은 마을을 보호하고, 모든 악이 지나는 걸 막기 위한 것이다. 장승은 분명히 추해서 눈이 있 다면 누구라도 피할 정도다. 사람들은 장승에 초자연적인 힘이 있 다고 믿는다.

용은 한국인의 상상력과 설화에서 중요한 역할을 한다. 이 허구 의 동물이 한국인의 삶과 중요하게 접촉하는 지점은 셀 수 없다. 그러나 이상하게 보일지 모르지만, 용은 늘 좋은 영향만 주고, 절 대 악한 법이 없다. 그리고 용은 강수를 제어한다. 용을 숭배하는 전통은 지난 천 년 중 언젠가 중국에서 들어왔다고 한다.

물신 숭배는 정령 숭배 문제와 밀접히 얽혀 있다. 물신은 한국 인이 정령의 위치를 배치하려 하는 상징인 동시에, 일종의 부적이 나 달래기 용으로도 작용하는 것 같다. 집터의 정령, 부엌의 정령, 마룻대의 신은, 종잇조각, 쌀 주머니, 짚이나 천 다발, 때로는 돈 등 다양한 표지로 나타낸다. 그리고 새 비단이나 천을 살 때마다, 그 천의 일부를 가정의 신들에게 바쳐야 한다. 한국인은 운세를 엄청나게 믿고, 행운이 오게 노력할 기회를 놓치지 않는다. 모든 것이 잘 될 때는 정령들이 행운을 주는 것이다. 반면, 일이 잘못됐을 땐 행운이 물러간 것이다.

무당과 판수는 이런 초자연적 존재들을 다루는 힘이 있는 사람이다. 무당은 늘 여자고 보통 수상하다. 악령과 매우 친밀히 교류하므로 이런 나쁜 평판을 받기 충분하지만 말이다. 판수, 즉 '운명을 결정하는 이'는 보통 눈이 먼 남자로, 마법사나 영매라기보다는 사실 점쟁이에 더 가깝다. 그러나 무당은 정령들의 친구이면서, 정령에게 자기 뜻대로 영향을 주거나 주문을 거는 힘도 있다는 점에서, 마녀이자 영매의 위치 둘 다를 차지한다.

한국인은 두렵고 무서운 세계에서 산다. 한국인이 태어나서 죽을 때까지 삶의 모든 일은 강력한 두려움이 지배한다. 한국인은 보이지 않는 세력의 손에 맡겨져 이끌려가며, 이들 세력은 고양이가 쥐를 괴롭히듯이 한국인을 괴롭힌다. 한국인을 둘러싼 존재로는 조상의 혼령들 외에도, 악마, 악귀, 꼬마 요정, 용, 언덕의 신, 나무의 정령, 선한 요정과 악한 요정이 있다. 이러니 불쌍한 사람이 제물을 바치고 정령을 달래 내쫓는 의식을 한다 해도 무슨 가망성이 있겠는가? 게일 박사는 성서와 그 메시지에 대해 이렇게 말한다. "한국인은 성서를 읽자마자 끌려든다. 신약에는 악마가 수천 마리나 나오지만, 이들은 늘 도망치고 있다. 악마들은 갈릴리의 비탈 아래로 내려간다. 예수님이 나타나면 악마는 도망친다. 눈 먼 자의 눈이 보이고, 영혼에 불이 켜질 때까지 말이다. 악마들은 울부짖고 비명 지르고 게거품을 내뿜는다. 이전에 한국의 역사에선 악마들의 세계를 쳐부순 적이 한 번도 없었다. 기적을 일으키는 이분은 전능하다. 왜냐하면 진실로 그 분은 자신을 받아들이는 모든 죄수에게 집행 연기하고, 죄수들을 지옥에서 해방했기 때문이다. 온 나라에서는 악마에게 씌운 사람을 위해 예수님의 이름으로 기도하고, 그 분은 이 기도를 들으신다. 지금까지 성서의 메시지가 이렇게 놀랍도록 필요에 딱 맞았던 나라가 어디 있었는가?"[32]

천도교: 하늘의 길을 따르는 집단

현대 한국의 종교 생활을 논하려 한다면, 천도교를 빠뜨릴 수 없다. 천도교는 기이하나 진정 이 땅에서 생겨나 성장했다. 최제우가 설립한 이 신흥 종교의 역사와 발전은 흥미로운 연구거리로, 지

---

32 게일, 『전환기의 한국』, 88쪽.

난 70년 동안 동양을 휩쓴 가장 중요한 역사적 요소를 자세히 다루며, 정치, 음모, 고통과 죽음이란 많은 옆길로 이끈다. 천도교의 설립자는 반쯤 미친 종교적인 광신자였는데, 진지하게 진리를 찾은 것 같다. 이 남자는 젊었을 때 예수회 선교자들을 만났다. 최제우가 죽은 뒤, 그의 추종자들의 영리한 조작으로 최제우의 경험은 더 심오한 초자연적인 색을 띠게 되었고, 마침내 최제우는 성자이자 순교자뿐만 아니라, 우주의 신과 가까웠고 신에게서 하늘의 길의 신비와 교리를 직접 내려 받은 이가 되었다.

최제우의 계승자인 최시형의 지도로, 이 운동은 한동안 종교적 신앙보다는 민족주의의 성격을 띠면서, 유명한 동학혁명으로 발전했다. 동학군은 무장한 개혁자들로, 왕과 궁의 부패한 관리들이 싫어하고 두려워한 것도 당연했다. 왕실군은 동학군의 광포한 공격에 속수무책이었다. 그리하여 중국의 속국이었던 한국은 이홍장에게 봉기를 진압하는 데 도움을 청했다.

전 세계는, 적어도 동양에 대해 공부하는 학생들은 모두 한국의 간청에 대한 중국의 반응과 중국군의 한국 도래가 일본군을 불러일으켰고, 결국 청일전쟁이라는 충돌을 낳았음을 안다. 청일전쟁은 1895년에 끝나며, 극동에 새 시대를 열었다. 그해에 동학혁명은 끝나고, 최시형 장군은 처형당했다. 그리고 손병희가 이들의 지도자가 되었다. 이 현명한 남자는 정치 분야에서 실패한 것을 확실히 알고, 한국은 살아 있는 개혁자를 받아들일 수 없음을 깨달았다. 그러나 자신이 침착하고 자기 조직이 성공하려면, 종교적인 면을 강조해야 함을 알았다.

기독교도 박해는 잠잠해졌고, 한국은 외부 세계에 개국하고 서양 나라들과 조약을 맺으면서, 종교적 자유를 허락하며 더 관대해졌다. 그리하여 1905년, '동학', 즉 '동쪽의 학문'이란 이름은 '천도교', 즉 '하늘의 길 집단 또는 교회'로 바뀌었다. 무기는 놓고 투쟁은 끝났다. 이때부터는 기도, 명상, 기적과 성자, 즉 물질적인 것 대신에 영적인 것을 강조했다.

새 지도자는 지금까지 천도교도 대다수가 산적과 노상강도보다 나을 게 없는 무지하고 미신에 사로잡힌 거친 사람들이므로, 이들이 종교적으로 발전하고 싶다면 교육이 절실히 필요함도 깨달았다. 그리하여 많은 학생을 일본에 보내고, 젊은이들에게 새로운 배움에 대한 갈망을 강조했다. 성자와 같은 설립자, 종교적 교리, 교육 프로그램에도 불구하고, 손병희 장군은 많은 어려움이 앞에 있고 개혁자의 삶은 종교적 개혁자조차도 평탄하지 않음을 알게 되었다. 손병희는 1919년 독립운동의 지도자 중 한 사람이었고 투옥 중에 죽었다. 손병희가 세 번째로 순교한 지도자로서 죽은 뒤, 즉시 놀라운 성장이 일어났다. 손병희의 가르침은 결실을 맺기 시작했고 사람들은 손병희의 규범에 따랐다. 1919년 손병희가 죽었을 때, 천도교도의 수는 2백만 명이었고, 11년 뒤인 1930년에는 5백만 명에 이르렀다고 한다. 그동안 놀랍게도 3백만 명이 늘어난 것이다! 그러나 1930년에 정부가 조사한 천도교도의 수는 2백만 명임을 덧붙여야 공정할 것이다.

선교사 대부분은 이 조직이 단지 정치적 의미만 있다고 생각하고, 천도교에 대해 그리 신경 쓰지 않고 거의 알지 못한다. 이제 이 '교회' 또는 집단이 이 나라 인구의 1/4이라고 주장하는 때가 왔으니, 주목하고 천도교가 어떤 것인지 물을 때다. 천도교는 종교적 혼합주의의 연구 대상으로서, 많은 원천에서 모은 의식과 교의를 대담하게 결합했기에 종교를 공부하는 학생에게 특별히 흥미롭다. 천도교의 설립자는 사후 명칭이 '수운 대신사(水雲大神師)'로, 간질 같은 것에 시달린 것 같다. 그는 무의식적인 마력 속에서 여러 번 꿈을 꾸고 환영을 보고, 자신이 신성한 계시를 받았고, 하늘의 길을 설립할 소명을 받았다고 확신했다. 최제우는 위대하고 신성한 경전들, 이 종파의 성스러운 책인 『성경대전』[33]을 썼다고 한다.

---

33 『동경대전(東經大全)』과 동일.(역자 주)

조지 백[34] 박사는 이 경전들에 대해 이렇게 말한다. "최제우는 경전들을 모아 만들며, 유교에서 다섯 가지 관계를, 불교에서 마음 정화법을, 애니미즘에서 부적 사용과 주술 풍습을 취했다. 그리고 마지막으로 기독교에서 일신교를 들여오고, 우상을 타파하고 가톨릭의 촛불 예배를 받아들였다. 최제우는 자신의 신을 '천주', 즉 로마가톨릭교도가 신을 나타내는 단어로 불렀다. 그리고 새 종교를 '동학', 즉 '동쪽의 학문'이라 이름 지었다. 이는 '서쪽의 학문'인 '서학'과 대비되는 것으로, 로마가톨릭은 한국에서 초기에 서학이라 불렸다."[35]

이 토착 종파는 엄격히 말해 독창적이지 않은 다른 특징도 있다. 천도교에는 물로 정화하는 의식이 있는데, 이는 어떤 면에서 세례에 해당하는 것 같다. 묵주도 사용하는데, 묵주 알이 108개다. 또 영광의 날인 안식일도 있고, 지역 조직과 전국 소식 모두 십일조로 지탱한다. 각 가정에서는 '성미', 즉 쌀이나 보리, 밀이나 기장 등 지난주에 그 집에서 먹은 무엇이든 십일조로 곡물을 가져온다. 이 곡물의 반은 지역 모임 후원을 위해 남기고, 다른 반은 전

---

34 백낙준(1895-1985)의 영어 이름.(역자 주)
35 L. 조지 백 박사, 『한국개신교사』, 162쪽.

국 본부인 서울로 보낸다.

천도교의 스승들을 만나보면, 이들은 천도교의 목적이 인류의 구원과 세계 정의의 정립처럼 순수하게 영적이라고 한다. 구원에 대해 말을 많이 하지만, 천도교의 의식(儀式)에는 도덕적 의미가 거의 또는 전혀 없는 것 같다. 추잡한 육체적 죄, 악덕, 방탕 등이 비난받지 않고 성행하는 것처럼 보이고, 일부다처제는 인정된 사실이다.

외국에서 들어온 종교 대신, 자국에서 발생한 종교를 지지하는 것에서 한국인의 국가적 자존심에 호소한 것은 확실히 천도교가 크게 성공하게 된 요소였다. 많은 돈을 선전에 쓴 증거가 있다. 인쇄소는 계속 바쁘고, 이 나라는 전단, 팸플릿, 책과 잡지로 넘쳐났다. 어떤 잡지는 사실 아주 훌륭하다. 대신사에 대한 믿음은 너무 부풀려져, 많은 기독교인이 잡지를 읽고 차이를 모른다. 예를 들어 천도교의 아동 잡지인 〈어린이〉는 한국에서 가장 훌륭한 아동 잡지라고 주장한다. 〈어린이〉의 편집장은 의식이 깨어 있는 사람이라, 편집 일의 가치와 중요성을 안다. 지금 편집장은 정말 가치 있는 자료를 이용해, 글래드스톤, 링컨, 워싱턴 등, 다른 나라의 위대한 지도자에 대한 전기로 특별 기사를 쓰고 있다.

스스로를 교회라고 부르는 이 기묘한 신흥 집단의 설립자에 대해 다시 살펴보자. 대체 최제우는 어떤 사람이었는가? 이 남자는 어떻게 한국인의 마음과 상상력을 계속 사로잡고 있는가? 한국인은 왜 새로운 열정에 불타오르고, 많은 이가 어떻게 앞날을 위해 새로운 용기를 얻었을까? 진짜 최제우, 즉 '수운 대신사'가 어떤 사람이었고, 무엇을 말하고 행했는지, 무엇을 쓰고 어떤 말을 남겼는지는 다른 신앙의 많은 성자처럼, 전해오는 이야기에서 너무 부풀려져, 사실과 허구를 거의 구별할 수 없다. 그러나 사실과 허구 두 가지 면에서 다, 이 흥미로운 인물에 대한 연구는 심리학적인 조사를 할 가치가 크다. 학생들은 최제우가 자신이 살았던 시대의 산물이고, 학자이자 종교적 광신자였으며, 이 남자가 받아들인 기독교 교리는 정말 적었음을 늘 기억해야 한다.

새 신앙의 설립자이자 순교자, '대신사'가 된 이 성자이자 학자에 대해 사람들은 뭐라고 할까? 105년 전인 1824년, 최세우는 경주 근처에 있는 마을에서 태어났다. 경주는 옛 한국의 초기 왕국 중 하나인 신라의 오래된 수도였다. 자연히 예상대로, 초자연적인 출생과 범상치 않은 어린 시절에 대한 이야기가 있다. 최제우는 커가면서, 세계의 요구와 고통, 사회 체제 속의 부패와 잘못에 대해 많이 고민했다. 최제우는 이 모든 복잡한 문제와 어려움에 대한 답을 찾기로 결심했고, 그 결심은 더욱 더 굳어갔다. 그리하여 이런 목적을 품고, 명상과 기도를 하려고 절에 들어갔다.

어느 날 밤 대신사가 자기 방에 누워 깊은 생각에 빠져 있을 때, 갑자기 이상한 남자가 대신사 앞에 섰다. 그 낯선 이는 대신사에게 공손히 절하고 이렇게 말했다. "저는 유천사(금강산에 있는 유명한 절)에서 열심히 백일기도를 하고 있었습니다. 그리고 일어나 절의 안마당에 서 있었어요. 그런데 세상에! 탑의 맨 꼭대기에 책이 있는 것이 보였습니다. 전 탑 꼭대기에 올라가 책을 들었죠. 책을 펼쳐 어떤 사람도 전에 보지 못한 것을 읽었는데 이해할 수는 없었어요. 전 그 귀중한 책의 의미를 너무 이해하고 싶어서, 부지런히 누군가 제게 그 내용을 해석해줄 사람을 사방팔방으로 찾아다녔습니다. 하지만 아아, 아무도 그 책의 의미를 아는 이가 없었죠. 이제 전 당신을 찾았습니다! 보세요, 당신은 예언의 성취입니다. 당신만이 이 신비한 글의 심오한 뜻을 밝힐 수 있습니다. 간청하오니 제게 이 책의 진리를 가르쳐 주십시오!"

대신사는 이 놀라운 요청을 받고, 책을 받아 본 뒤 이렇게 말했다. "정말 아주 기묘한 책이군요. 이 말은 공자나 맹자가 한 말이 아닙니다. 유교, 선교, 불교도 아닙니다. 이렇게 신비롭고 마법 같은 글은 처음 봅니다! 하지만 낯선 이여, 내게 책을 놓고 가세요. 더 자세히 연구해 보리다."

낯선 이는 이 요청에 이렇게 대답하고 사라졌다. "전 3일 후에 다시 책을 가지러 와야 한다는 것을 명심하십시오!" 그리고 그 말대로 3일 후에 돌아왔다. "이제 그 의미를 알겠습니까? 진정 당신이 안다는 것이 보이네요! 정말 당신은 이 세상이 아니라 하늘에 속한 이입니다. 그렇지 않으면 그 의미를 이해할 수 없었을 테니까요!" 그리고 대신사는 다시 혼자가 되었으나, 자신이 신성한 계시를 받았다고 깊이 확신하게 되었다.

그러나 사실 이 놀라운 일은 끝이 아니라 시작이었다. 왜냐하면 그 책에는 길고 효과적인 기도에 대한 지시가 있었기 때문이다. 대신사는 이 법칙을 신중히 따라, 자신의 신이 얼굴을 마주하고 자신에게 말하고 직접 계시를 주어, 분명히 개인적인 경험을 하게 되었다. 천도교의 새 연대기를 '포독'이라 하며 이 해부터 센다.

그리하여 포독 1년 4월 5일이 되었다. 대신사는 경전에 나온 법칙에 따라 오랜 기도를 마치고, 목욕을 해 의식(儀式)적으로 정화하고 앉아 명상을 했다. 대신사는 갑자기 심하게 떨며 압도되어 말을 잃었으나, 통증은 없었다. 그리고 하늘에서 이런 목소리를 들었다. "지혜로운 영혼을 받아들여라. 내 영혼을 받아들여라. 영혼을 받아들여 이해하고 다른 사람들을 가르쳐라." 그러나 대신사는 아무것도 볼 수 없었다. 대신사가 매우 혼란스러워 이 말뜻을 궁금해 하고 있는데, 다시 목소리가 들렸다. "나를 모르느냐? 사람들은 나를 하느님이라 부른다. 이제 지구가 창조된 지 5만 년이 되었고, 그동안 나는 세계에 전령을 한 명도 보내지 않았다. 그러나 이제 보거라. 나는 너를 사람들에게 하늘로 가는 길을 가르치도록 보낸다. 의심하지도, 두려워하지도 말거라!" 대신사는 여전히 혼란스러워 이렇게 물었다. "하지만 제가 사람들한테 뭘 가르쳐야 합니까? 서학(기독교)을 가르쳐야 합니까?"

"아니, 아니다. 나는 네게 영적인 약과 나의 상징을 줄 것이니, 그것을 가르쳐라. 너는 아주 명예롭게 긴 삶을 살 것이고, 너의 명성은 전 세계에 퍼질 것이니라."

게다가 목소리는 이 상징들을 받을 깨끗한 흰 종이를 펼치라고 명령했다. 대신사가 그 명을 따르자마자, 종이에 신비로운 기호들이 나타났다. 대신사는 자기 아들들을 불러, 보라고 했다. 그러나 믿지 않는 이들은 아무것도 볼 수 없었다. 그 뒤, 목소리는 그 종이를 태워 그 재를 깨끗한 물에 넣고 마시라고 명령했다. 대신사는 이 명도 따랐다. 다시 목소리가 말했다. "이것이 네 안에서 힘과 영생의 원천이 될 것이다."

천도교도에 따르면, 이때부터 대신사의 겉모습도 바뀌었다. 이는 보이지 않는 것을 이해하기 위해 대신사가 받은 것이었다. 그리고 대신사는 늘 기적과 신비로운 일을 일으켰다. 대신사가 행한 경이로운 일에 대한 이야기는 셀 수 없다. 심지어 죽은 자를 되살리기도 했다.

그러나 설립자는 새 종교를 세운 뒤 오래 살지 못했다. 당시는 부패한 궁의 관리들이 민중의 삶을 비참하게 하고, 지난 세기 동안 기독교인을 가장 심하게 박해하고, 통치자들이 로마가톨릭교도를 광적으로 싫어해 수천 명을 죽이던 시기였다. 천도교의 주요한 자랑은 자생 종교라는 점이나, 천도교의 설립자는 1865년, 프랑스 신부들과 그 추종자들이 가장 심하게 박해받았을 때 죽은 것이 사실이다. 대신사는 가톨릭교도라는 잘못된 죄명으로 처형당했다.

앞에서 살펴보았듯이, 두 번째 교주인 최시형은 천도교 운동에 정치성을 강조했고, 1893년에서 1895년까지 동학혁명을 이끌었다. 위대한 세계 여행가이자 작가인 이사벨라 버드 비숍 부인은 1895년에 이 두 번째 교주가 죽었을 때 한국에 있었다. 비숍 부인은 그 힘든 시기에 대해 이렇게 생생히 묘사한다.

"동학군은 왕이 외국인의 손아귀에 있다는 이유로 왕에게 충성하는 것을 정중히 그만두고, 다른 왕을 임명했다. 동학군은 1월 초에 패배했고, 한 충성스러운 지사가 동학군 왕의 머리를 베어 서울로 보냈다. 백경로에서 가장 번화한 구역인, 작은 서문 밖의 북적

대는 시장에서, 나는 그 머리가 주전자 대 같은 막대기 3개를 마구 놓은 곳에 매달린 것을 보았다. 그 밑에는 또 다른 머리가 있었다. 두 얼굴 모두 고요하고 위엄 있는 표정이었다. 멀지 않은 곳에 다른 머리 두 개가 이와 같은 방식으로 놓여 있었는데, 막대기가 쓰러져 머리가 큰길의 먼지 속에 놓여 개들이 많이 파먹은 상태였다. 이들의 얼굴은 마지막 고통으로 굳어 있었다. 이들의 머리 옆에는 순무가 있었고, 어린아이 몇 명은 무를 잘라서, 경멸하며 이들의 까매진 입에다 내밀었다. 이 잔인한 광경은 일주일간 계속됐다."[36]

그저 하루 방문한 비숍 부인에게, 이는 정말 동학군의 끝처럼 보였다. 동학군 지도자들의 머리 없는 시체는 이들이 사랑한 조국의 남쪽에서 매장도 안 된 채 썩게 내버려졌다. 그리고 이들의 불쌍한 머리는 조롱받고, 먼지 속에 뒹굴며, 수도 문에서 행인들의 호기심에 찬 눈길에 노출됐다. 분명 35년 전에 동학군의 시대는 끝났거나, 끝난 것 같았다. 그러나 오늘날 이들 조국의 동지 수백만 명이 일어나 이들을 축복받았다고 한다. 예언자, 애국자, 순교자들이라고? 그렇다, 이들의 추종자들에게 이들은 이런 사람이자 그

---

36 I. B. 비숍 부인, 『한국과 그 이웃나라들』, 264쪽.

이상이다. 문제에 대한 해결책과 상처에 바를 연고를 찾는 사람들이 죽은 지도자들에게 돌아서, 이들에게서 영웅과 반신(半神)을 보는 것은 당연하지 않은가? 이들 성자의 희생과 고통의 이야기는 사람들의 가슴을 새로운 목적으로 채운다. 이 지도자들이 지키다가 죽은 원칙에 이제 수많은 사람이 따른다.

정말 이 전국적인 종교는 "유교도, 선교도, 불교도 아니다." 그러나 어떤 이들은 천도교에서 사람들을 통합하려는 절박한 마지막 노력을 본다. 어떤 이들은 천도교가 이 나라를 다시 성공적으로 독립국으로 만들 수 있다고 믿는다.

정부 통계

1929년 말, 가장 최근의 조사에 따르면, 한국 전역에서 다양한 종교 분파 추종자 수의 공식적 기록은 다음과 같다.

천도교 2,000,000명. 기독교 350,000명(일본인 5,000명과 외국인 310명 포함). 일본 불교 182,000명(한국인 12,000명과 외국인 3명 포함). 한국 불교 200,000명(일본인 117명 포함). 신도 75,000명(한국인 9,000명과 외국인 16명 포함).

제 9 장
새날의 빛

한국의 앞날은 어떠한가? 오늘날 한국에서 특히 필요한 것은 무엇인가? 기독교는 이 기회를 감당할 수 있는가?

지난 43년간의 변화는 참으로 의미 있고 놀라운 정도라, 이 나라는 어떤 면에서 유럽 국가들이 몇 세기가 걸렸던 것을 한 세대만에 이룬 것 같다. 옛 한국은 이제 없고, 새 한국이 있다. 새 한국은 옛 한국의 많은 특징이 있는 것이 사실이지만, 그 성격과 사고방식이 너무 달라서, 한국의 정신을 알고 싶다면 이는 집중적인 연구거리가 될 수 있다.

한때 은둔국이었던 이 나라에서 현대 개신교 선교 운동의 전진은 교회 역사에서도 가장 감격적인 부분이었다. 선교 운동이 한국인의 모든 사고 변화를 불러일으켰다는 것은 아니다! 그러나 지난 반세기 동안 한국인의 생활과 태도에 영향을 미친 복잡한 요소 중, 기독교는 분명 작은 부분이 아니었다.

선교 활동은 세계 여러 곳에서 도전받았고, 같은 질문을 계속 다시 하게 된다. "기독교는 한국, 인도, 중국이나 오늘날의 미국에서 정말 중요한 의미가 있는가? 아니면 이들 나라는 기독교 없이 자국을 잘 또는 더 잘 돌볼 수 있는가?"

오늘날 한국의 상황은 어떤가? 선교하려고 노력한 이 세월 이후, 한국이 계속 도움이 필요하다고 할 수 있는가? 새날의 상황에서 이 나라 사람들은 무엇을 필요로 하는가?

이 장의 목표는 이 나라에서 눈에 띄는 요구 몇 가지를 밝히고, 예수의 메시지가 그 모든 심오한 내적 의미에서 이 요구를 만족시키기에 충분함을 보여주는 것이다.

한국의 국가적 상황에서 드러나는 필요. 대체 한국의 정치적 상황은 어떠한가? 이 상황을 요약하거나 분석하는 것은 아주 미묘하고 어려운 일이다. 왜냐하면 한국의 새로 깨어난 국가적 의식은 모든 면에서 예리하게 살아 있고, 한 사람은 정복자에 대한 태도에 따라 친구인지 적인지 정해지기 때문이다. 얼레인 아일런드 씨는 『새 한국』[37]이란 책에서 이 문제의 양측을 아주 공평하게 다뤘다.

다음은 아일런드 씨의 책에서 인용한 것이다. "1910년부터 1919년까지 일본은 한국을 지배하며 한국인에게 많은 이익을 주었지만, 군사적 경직성 때문에 한국인들은 크게 분개했다. 또한 일본의 지배는 개혁의 진전을 막았고, 한국인의 불만을 불러일으켜, 1919년 3월 1일, 한국 민족주의 지도자들은 한국의 독립을 선언했다.

일본이 잔인하고 혹독하게 봉기를 누른 것은 전 세계 사람들에게 충격이었다. 일본에서도 엄청난 분노가 일어, 정부는 이를 가라앉힐 방법을 찾아야 했다. 한국의 총독은 소환됐고, 민간인은 총독 자격에서 제외하던 규칙은 취소됐다. 그리고 새 총독인 사이토 자작은 민간인은 아니지만, 극동 전역에서 행정 능력이 뛰어나고, 관대하고 인간적이며, 아주 매력적이라고 인정받았다."

1919년의 군사 정권이 끝난 뒤, 사이토 자작의 자비롭고 온정적인 정책은 전임자의 정책과 놀랍도록 대조적이었다. 1919년의 독립운동 이후로 흐른 세월을 밖에서 보면, 평화롭고 고요해 보일 것이다. 그러나 현 상황과 밀접히 접해 있는 사람들에게, 애국심과

---

37 『일본의 한국 통치에 관한 세밀한 보고서』(살림)라는 제목으로 번역서가 나옴.(역자 주)

민족주의가 섞인 저류, 드러나지 않은 비통함이 있음은 분명해 보인다. 일본의 식민 정책을 연구하는 이는 한국 총독으로 성실한 행정관인 사이토 자작이 있음을 기뻐할 것이다. 이 총독은 진정한 정치가처럼 자국을 위해 일하고, 한국인에게 공정한 정부를 제공하려고 노력 중이다. 사이토가 많은 어려운 문제와 복잡한 정치적 상황에 직면해야 함은 분명하다. 총독은 거의 아무도 이해할 수 없는 위치로, 수많은 문제에 직면해야 한다. 우리가 조금도 이해할 수 없는 한국에 있는 세력은 총독이 한국에 대해 세운 많은 계획을 막았다.

이 짧은 장에서 일본의 지배에 적대적인 한국의 의견을 구체화해 요약하는 것은 어려울 것이다. 우선, 이는 한국인이 자유롭게 말할 수 없는 미묘한 주제다. 한국인이 감정을 발산하고 자신을 표현한다 해도, 신문은 감히 그것을 싣지 못할 것이다. 왜냐하면 언론은 엄격히 검열받기 때문이다. 먼저 호된 경찰 조사를 받은 것만이 지면에 날 수 있다. 공정하게 말하면, 이와 똑같은 언론법은 한국뿐만 아니라 일본에도 적용된다. 그리고 한국어로 된 신문뿐만 아니라, 한국에서 발행하는 일본 신문도 똑같이 엄격한 검열을 받는다. 현 상황에서 정부는 이런 정책이 국가 안보에 꼭 필요하다고 생각한다.

하지만 한국인은 이 모든 것을 어떻게 생각하는가? 분명히 양 극단의 의견이 있고, 두 극 사이에 조금씩 다른 많은 감정이 있다. 그러나 이 나라에 온 손님은 정부의 정책을 지지하거나, 정복당한 이 나라 국민들의 태도를 비난할 위치가 아니다. 분명 지금은 그저 개인적인 의견을 표현하지 않고, 국가 상황과 관련해 한국인의 생각을 분석하려는 것뿐이다.

양 극단의 의견 중 한 쪽에는 일본 정부에 충성하고, 강력하고 번영하는 일본제국에 병합돼 물질적으로 큰 이익을 얻을 것이라고 보는 이들이 있다. 어떤 이들은 일본이 과거에 심각한 실수를 저질렀으나 이를 시정했다고 보고, 한국인이 바라는 개혁, 일본 의회 안에서 한국을 대변하는 것, 한국이 일본제국의 진정한 일부인 것을 바란다. 반면, 다른 극단에 있는 이들도 있다. 이들은 영영 '조국을 잃었다'고 느끼고, 한국이 민족이나 국가로서 미래의 희망이 없다고 본다. 그리고 "현 정부나 일본 정부의 어떤 개혁 문제에도 관심 없고," "완전한 국가적 독립만이 유일한 목표라고 마음을 굳혔다." 이 두 극단 사이에는 다른 많은 의견과 감정이 있다. 어떤 이들은 아직은 자신들이 바라는 것을 이룰 때가 아니라고 본다. 어떤 이들은 한국인들이 지배와 지도 면에서 먼저 교육과 훈련을 받아야 한다고 믿는다. 어떤 이들은 어떤 값을 치르더라도 자유를 얻고자 한다. 또 어떤 이들은 평화와 안락을 누리기보나'는, 명예를 위해 차라리 이 나라가 전쟁, 혁명, 유혈사태로 고통받는 것이 낫다고 생각한다. 또 다른 위험한 집단도 있는데, 이들은 성급한 마음에 러시아의 공산주의 문학과 선전에서 많은 영향을 받았다. 이들은 만주와 그 너머 소비에트 군대에게 의존하고 싶어 한다. 그리고 일본의 심장을 칠 기회가 될 투쟁과 혼란이라면 어떤 것이든 원한다. 이들은 자유의 손짓을 보고, 지상 낙원의 부름을 듣는다. 즉 경계 너머 있는 러시아의 진짜 끔찍함을 아무것도 모르고 못 보고 못 듣는다. 이들에게 러시아는 이들이 열렬히 원하며 한숨짓는 유토피아같이 보이고 그렇게 들리는 것이다.

이집트, 인도, 필리핀이나 서양 나라에 있는 식민 정부를 공부하는 학생은 이곳에서 그 나라의 지배자가 또 다른 나라의 지배자고, 통치받는 피지배국 국민은 '자기 표현'의 기회가 없었던 나라의 전 세계적인 특징을 볼 것이다. 한국 국민은 일본 정부가 제공하는 훌륭한 교육 기관을 거의 신경 쓰지 않는다. 심지어 이들은 도로, 산업, 무역, 시골 지역 개발도 경멸한다. 정부는 이 모든 것을 자랑스럽게 가리키며, 한국이 20년 전보다 모든 물질적인 면에서 훨씬 나아졌다는 완벽한 진실을 말할 것이다. 그러나 한국의 극단적인 반일 사고는 어떠한가? 좋아 보이는 이 모든 것, 자비로

위 보이는 것은 한국인에게 사악한 의미를 띤다. 20년 전에 길 없는 숲이었던 곳에, 지금은 전국에 연결망을 형성하는 도로와 철도를 깐 것은 어떤가? "그야 일본 군대가 만주까지 이동하기 위한 거지. 1904년 일본이 러시아를 침공할 때, 한국은 일본의 기지가 아니었던가? 오늘날 만주는 모든 이가 지켜보는 곳이 아닌가? 역사가들은 다음의 큰 국제적 갈등이 만주에서 일어날 거라 하지 않았나?" 그러니 한국인은 이렇게 말할 것이다. "그렇다, 일본은 도로가 필요하다. 그러나 한국의 이익을 위해서가 아니라, 자국을 위해서다." 우리는 지난 20년 동안 모든 종류의 제조업이 엄청나게 늘고, 많은 한국인 노동자가 고용된 것, 한국인 관리의 수가 꾸준히 는 것도 자랑스럽게 가리킬 수 있다. 그러나 낙담한 한국인에게 이는 믿음을 주지 못한다. 한국인은 일본이 과학적 조사와 기술적 효율성 면에서 최고를 제공했으나, 이는 한국에서 일본인이 더 이익을 얻는 걸 돕기 위한 것이라고 볼 뿐이다. 심지어 시골 지역의 경제적 개발도 한국인에게는 단지 자본주의자가 이익을 더 얻기 위한 계략일 뿐이다. "하지만 학생 수천 명은 어떤가? 확실히 이 훌륭한 교육 체제에는 이기적인 것이 전혀 없지 않은가?" 이렇게 물으면, 한국인은 이런 학교를 소년, 소녀들에게서 한국인의 권리를 뺏어 이들을 일본인으로 만들고, 모국어도 뺏어 일본어를 주입하는 도구라고 본다. 일본 정부를 지지하는 이들은 정부가 한국어를 말살시키려는 게 아니라 장려하려 하고, 일본의 고전어와 한국어의 일부분인 중국어를 강조해, 중국과 일본 문학뿐만 아니라 한국의 옛 문학도 가르치려고 계속 노력한다고 지적한다. 그리고 한국 학자들이 자기 나라 글인 '언문'을 늘 경멸했고, 한자로 쓴 책만 주목할 가치가 있다고 여겼음을 지적한다.

물론 이것이 다 뭘 의미하는지에 대해 무관심하거나 신경 쓰지 않는 이들도 있다. 이들은 상황을 있는 그대로 받아들일 것이나, 경제적으로 고군분투하느라 너무 지쳐 정치 문제에 많이 신경 쓸 수 없다.

한국에서 소위 '근대'는 1894년 일본이 한국에 대한 분쟁에서 중국을 이겼을 때 시작했다. 러시아, 프랑스, 독일의 간섭으로, 일본은 자신이 획득한 나라를 돌려주도록 강요받았다. 그리고 1904년, 일본은 다시 이 귀중하고 너무나 갖고 싶은 나라를 놓고 러시아와 싸웠다. 그래서 뒤숭숭한 난세에, 오래된 세 제국이 한국을 놓고 충돌했다. 이들 제국은 러시아, 중국, 일본, 즉 곰, 용, 뜨는 해였다. 끝이 났는지는 아무도 모른다. 그러나 우리는 조그만 한국에서 애국심이 죽지 않았음을 분명히 안다. 학생들은 조국을 위해 일하려는 열렬한 욕망에, 때때로 무모하고 어리석어 보이는 반란을 일으킨다. 하지만 이 모든 것 이면에는 불길하고 끔찍한, 불안한 기류가 흐른다. 단지 어리석은 남학생 몇 명뿐이라고? 그렇다, 그러나 오늘의 소년은 내일의 어른이다. 이곳에는 깊은 감정이 있어서, 이를 가치 있는 노력으로 표현할 안전한 은신처로 향하지 않으면, "결국 어떻게 될 것인가?"라고 물을 수밖에 없다.

그러니 한국은 겉으로 평화롭고 조용해 보이지만, 일본이 한국인의 마음을 완전히 얻지 못했음을 분명히 알아두어야 한다. 한국인은 고요하나, 핏줄에선 애국심이 뜨겁게 불탄다. 그리고 이들은 '조국을 잃었다'는 사실에 깊이 통탄하며, 이는 궤양처럼 수천 명의 영혼을 좀먹는다. 이 나쁜 상황을 악화시키고, 민족주의와 저항 정신을 강화시키는 것은 일본은 한국이 자기 제국에 중요함을 알지만, 미국이 필리핀을, 또는 영국이 인도를 지배하는 것처럼 한국을 통치할 수 없다는 것이다. 일본은 한국을 식민 속국이라 부르는 데 만족하지 않고, 한국을 융합하고 한국인을 동화시켜, 일본의 이상과 관습, 일본 문화와 일본어를 주입해야 한다고 판단했다. 한국인이 일본에 애국심과 충성심을 보이는 것도 일본의 목표이자 요구다. 이 목적을 밝힌 것은 한국인을 통합하기보다는 멀어지게 했다. 많은 한국인이 이런 생각 자체를 증오한다. 그리고 동시에, 당국은 조금이라도 한국인을 동화하는 것을 방해할 수 있는 어떤 영향력에도 매우 민감하다. 민족주의는 분명 이런 영향력이 겠지만, 억누를수록 더 밝게 타오른다.

기독교의 메시지는 비탄에 잠긴 나라에 온다. 예수는 이런 국민들에게 무엇을 줘야 하는가?

"예수는 애국자였는가? 만일 그렇다면, 예수의 애국심은 어떤 것이었는가? 예수는 군사 강국에 예속된 나라의 시민이었다는 사실을 기억하라. 로마는 알려진 모든 세계의 지배자였다. 로마 관리들은 모든 유대인의 생사를 쥐고 있었다. 예수는 인간사에서 거의 어떤 민족보다도 자유를 사랑하고 폭정을 증오하는 민족에 속했다. 예수의 일생 동안, 반란과 폭동이 끊임없이 일어났다. 좁은 민족주의와 군국주의적 의미에서 보면, 예수는 분명 애국자가 아니었다. 그러나 진정한 애국심이란 무엇인가? 그것은 조국과 동포를 사랑하고, 조국의 가장 숭고한 이상에 헌신하는 것이라고 정의해야 하지 않을까? 만일 그렇다면, 예수는 그 당시에 훌륭한 애국자였다. 지금까지 어떤 사람도 예수처럼 자기 국민들에게 분명한 사랑의 증거를 준 적이 없고, 지금까지 어떤 유대인도 예수처럼 예언자들의 가장 숭고한 이상에 완전히 헌신한 적이 없었다. …… 그 어떤 광신자가 예수만큼 조국을 사랑하고, 조국을 위해 일했던가? 예수와 바라바 중, 가장 진정한 애국심을 보여준 이는 누구인가?

······ 진정한 기독교인에게 애국심이란 빈말만 하는 것이 아니라, 가장 숭고한 이상에 온 마음으로 헌신하는 것이다. 애국심의 상징과 이상은 너무 자주 부정한 목적에 악용됐다."[38]

기독교가 할 일은 예수를 따르는 한국인의 삶과 가슴에 완전히 스며들어, 예수의 희생적 사랑이 한국인의 삶에서 나타나게 하는 것이다. 그리하여 외국의 지배 하에서도, '하늘나라', 즉 정의로운 내적 삶의 개발을 막는 것은 아무것도 없음을 한국인이 깨닫게 하는 것이다.

38 커비 페이지. 『내일의 세계』의 사설에서.

옮긴이의 글

이 책은 20세기 초반에 우리나라에 온 미국인 선교사가 당시 우리 선조들의 생활 모습을 그린 것으로, 1931년에 영어로 출간한 책을 우리말로 옮겼다. 이 시기는 문물과 사고방식 모두에서 옛것과 새것이 섞여 있는 격동의 시대였다.

지은이 엘라수 와그너는 1881년 미국 웨스트버지니아에서 태어났다. 한국 이름은 '왕래(王來)'다. 와그너는 마사워싱턴 대학과 매리언 대학을 졸업하고, 1936년 스카릿 대학에서 석사학위를 받았다.

그리고 1904년 남감리회 선교사로 우리나라 송도(지금의 개성)에 와, 개성여학교에서 교사 생활을 했다. 개성여학교는 이후 두을

라학당으로 이름이 바뀌었고, 다시 호수돈여자고등보통학교로 승격되었는데, 와그너는 이 학교에서 교장을 지냈다.

와그너는 태화여자관(泰和女子館)과 여선교회에서도 전도, 교육, 사회복지 일을 했다. 당시 한국에 온 선교사들은 선교를 하면서 여학교를 세워 여성의 지위 향상에 힘쓰기도 했다. 와그너도 여성 교육에 힘쓴 선교사 중 한 명이었다. 1931년, 와그너는 기독교조선 감리회 연합연회에서 여성 목사가 되었다. 이후 1940년에 일본 당국에게 강제 귀국 당한 뒤, 1957년 세상을 떠났다.

와그너는 논픽션, 희곡, 소설을 쓴 작가이자, 선교 잡지인 「한국 선교보The Korea Mission Field」에 글을 썼다. 또한 여기서 소개하는 이 책 외에도, 종교극 『은자의 문에서At the Hermit's Gate』, 『한국의 부름Korea Calls』, 『내일의 여명The Dawn of Tomorrow』, 『김서방 이야기 외Kim Su Bang and Other Stories of Korea』, 『복점이Pokjumie』, 『한국의 어린이Children of Korea』 등을 썼다.

이 책은 1930년에 쓴 것으로, 자동차를 한 번도 타본 적이 없는 두메산골의 김씨 할아버지와, 포드 자동차를 모는 외국인의 재미있는 이야기로 시작한다. 그리고 곧이어 마치 여행 안내원처럼 읽는 이를 서울의 이곳저곳으로 이끌며, 외국인의 관점에서 당시

선조들의 생활상을 생생하게 보여준다. 이러한 생동감은 이 책의 장점이다. 다음과 같은 묘사에서 우리는 글쓴이와 함께 20세기 초 서울 거리 한복판에 서 있는 듯한 인상을 받는다.

"저기 길게 흘러내리는 푸른색 비단옷을 입은 노인은 양반이다. 양반은 젊은 하인의 아름다운 비단 옷자락을 잡고 걸어가고 있다. 저 느긋하고 위엄 있는 걸음걸이는 이 모든 혼란스러운 현대식 삶도 평온하고 기품 있는 양반의 보장된 지위를 흔들 수는 없다고 말하는 것 같다. 하지만 새 한국의 조급한 젊은이들이 바쁘게 모는 자동차 수백 대는 어떻게 한단 말인가? 우리 양반님은 전차가 땡그랑대며 비키라고 경고하는데도, 까다롭게 갈 길을 정할 것이다."

글쓴이는 20세기 초반을 옛 한국에서 새 한국으로 나아가는 과도기라고 보았다. 이 시기에는 정신적·물질적인 면 모두에서 물밀듯이 들어오는 서구 문명과, 전통적인 옛 방식이 섞여 있어, 둘 사이에 갈등이 일어나기도 했다. 와그너는 당시 한국의 신세대와 구세대가 사회 변화를 대하는 전반적인 태도를 비교한다. 즉 서구의 문물과 사고방식을 빠르게 받아들이는 신세대와, 옛 방식을 유지하려는 구세대의 차이를 보여준다. 그리고 어느 한쪽을 극단적으로 고집하기보다는, 옛것과 새것 모두에서 가치 있는 것을 선택해야 한다고 보았다.

이후로는 한국의 전통과 역사, 자연환경, 의식주 등 일상생활과, 가정생활 중 특히 변화하는 여성의 위치, 어린이의 생활, 학교와 교육제도, 여러 종교가 공존하는 종교 생활을 소개한다. 예를 들어, 문화의 차이를 받아들이는 문제를 다루며, 한국인과 외국인이 서로 다른 식문화를 대하는 태도를 이렇게 이야기한다.

"외국인이 김치의 냄새를 극복하고 그 진정한 맛을 아는 데는 대개 오랜 시간이 걸린다. 그러나 한번 김치 맛을 알면, 타지에서 향수병에 걸린 한국인이 다른 어느 곳에도 없는 이 아삭아삭하고 톡 쏘는 맛있는 김치를 얼마나 먹고 싶어 하는지 쉽게 이해가 간다. 하지만 많은 외국인은 절대 김치의 맛을 알지 못하고, 김치에 대해 계속 심한 편견을 갖는다. 보통의 한국인이 우리의 치즈를 '썩은 우유'라고 부르며 싫어하듯이 말이다."

또 우리나라의 구식 학교인 글방에서 공부하는 학생은 남자아이가 대부분이었지만, "애정 어린 아버지가 어린 딸을 형제들과 함께 학교에 보내는 경우도 드물지 않았다"는 당시 교육 현황에 대한 흥미로운 묘사도 있다. "이 경우 여자아이는 소년의 옷을 입고, 다른 학생들과 똑같이 열의에 넘쳐 놀고 공부했다."

그리고 마지막 장에서는 서양 선교사의 입장에서 일제 치하 한국인들의 일본 정부에 대한 태도를 다룬다. 이 과정에서 제국주의에 대한 비판적 시각보다는, 선교의 중요성을 우선시한 점이 눈에 띈다. 그러나 이 책은 전반적으로 20세기 초 한국의 문화를 다양한 측면에서 담아, 자칫 묻힐 수 있는 그 시대의 생활상을 보존하는 의미 있는 역사적 자료라고 할 수 있다.

우리가 살고 있는 이 시대에도 기술의 발달과 세계화로 인해, 전부터 있어왔던 것과 새로운 것이 끊임없이 섞이며 세대 차이를 낳고 있다. 통신의 발달과 점점 더 잦아지는 국가 간 이동으로 더욱 다문화를 향해가는 우리 사회에서 서로 다른 문화를 어떻게 받아들일지, 옛것과 새것이 공존하는 가운데 어떤 것을 선택할지는 그 당시 선조들이 마주한 문제와 근본적으로는 같은 문제일지도 모른다. 더 나아가 서구 문화에 묻혀가는 우리의 가치 있는 전통을 어떻게 이어가고 창조적으로 발전시킬 수 있을지도 생각해볼 수 있다. 이러한 점에서 이 책은 서구 문화가 갑자기 쏟아져 들어오던 20세기 초와 변함없이 현대에도 생각할 거리를 건넨다.

부모님과 가족, 지금까지 배움 받은 선생님들의 덕으로 이 책을 옮길 수 있었다. 진심으로 감사드린다. 그리고 이 책을 옮길 소중한 기회를 주신 한국문학번역원과 살림출판사에 감사드린다. 책 한 권이 만들어져 독자의 손에 닿기까지는 보이지 않는 수많은 사

람의 손길이 필요한 법, 책이 나오기까지 힘써주신 모든 분께 감사
드린다.

옮긴이 김선애

찾아보기

188

미국인 교육가 엘라수 와그너가 본
한국의 어제와 오늘 1904~1930

펴낸날   초판 1쇄 2009년 12월 18일

지은이   엘라수 와그너
옮긴이   김선애
펴낸이   심만수
펴낸곳   (주)살림출판사
출판등록 1989년 11월 1일 제9-210호

경기도 파주시 교하읍 문발리 파주출판도시 522-1
전화 031)955-1350   팩스 031)955-1355
기획 · 편집 031)955-1373
http://www.sallimbooks.com
book@sallimbooks.com

ISBN   978-89-522-1301-3   03910
       978-89-522-0855-2   (세트)

책임편집 김태권